Rolf Friedrich Schuett

Der Mensch als Herr und Knecht,
Traum, Geist und Revolte

Zwergsatiren plebejischer Intellektueller

Rolf Friedrich Schuett

Der Mensch als Herr und Knecht, Traum, Geist und Revolte

Zwergsatiren plebejischer Intellektueller

Books on Demand

Bibliographische Information Der Deutschen Bibliothek:
Die Deutsche Bibliothek verzeichnet diese Publikation
in der Deutschen Nationalbibliographie; detaillierte
bibliographische Daten sind im Internet abrufbar über
http://dnb.ddb.de

Herstellung und Verlag :
BoD – Books on Demand, Norderstedt

Printed in Germany

ISBN 978-3-7543-0393-1

INHALT

Für Elke
in Liebe und Dankbarkeit

Plebejische Träumereien am Schreibtisch

Du träumst von ewiger Liebe,
die ein Stück Ewiges in dir (an)erkennt.

Schlafmützen nennen uns Träumer.

Leseratten träumen davon, nach dem Tod
von Bücherwürmern gefressen zu werden.

Träumen ist, wenn man trotzdem wacht.

Träume deuten – auf Erwachen.

Träume hindern Schlafmützen am Erwachen.

Erste Physiker träumen schon
von Parallelwelteroberung.

Ein Traum bedeutet nur,
dass man nur geträumt hat.

In der Jugend ist jeder des anderen Traum,
der ihn hindert, sich in der Realität zu verlieren.
Erwachsen wird jeder für jeden die Realität,
die ihn hindert, sich in seinen Träumen zu verlieren.

Das Sein und die Seinen gibt der HErr jedem
im Beischlaf, das Seine nimmt er uns im Alptraum.

Im Psycho-Zeitalter träumt niemand mehr davon,
der Traum seines Geliebten zu sein,
sondern sein Traumdeuter.

Der Alptraum erfüllt uns den Wunsch,
beim Erwachen nur ein böser Traum zu sein,
und der Wunschtraum ist der Alptraum,
beim Erwachen nur ein schöner Traum zu sein.

Er träumt, dass sie von seiner Traumfrau
und nicht von ihrem Traummann träumt.

Die Seele ist ein Wunschtraum von Holzköpfen
und der Körper eine Erfindung der Geistreichen.

Endlich habe ich mich selbstverwirklicht.
Mein Traum war schöner gewesen.

„Das Leben ist nur ein Traum"
vom Überleben oder von Traumdeutern.

Eine Utopie ist der Traum, es möge
künftig noch Zukunftsträume geben.

Das Leben ist ein Traum, sagten die Alten —
und lebten. Träume sind Wunscherfüllungen,
sagte Freud – und träumte.

Ein Autor träumt von Lesern,
die davon träumen,
dieser Autor zu sein.

Freud träumte nicht von Weltveränderungen,
veränderte aber unsere weltlichsten Träume.

Für Idealisten sind Träume eine Flucht
in die Wirklichkeit, für Realisten ist die Wirklichkeit
eine Flucht vor Wunsch- und Alpträumen zugleich.

Es gibt mehr Dinge, als unsere Schulweisheit
sich träumen lässt, in der Hochschulweisheit
anderer Leute.

Wer träumt, sucht nachts im Dunkeln,
was er am helllichten Tag verloren hat.

Aus dem, was wirklich passiert, ist zu prophezeien,
was wir träumen werden.

Utopien sind Träume von einer Welt,
in der Utopien keine Alpträume würden.

Wirklichkeit ist das,
was Wunschträume als Alpträume entlarvt.

Wer träumt oder nicht träumt, hat noch nicht
bewiesen, dass er nicht schläft.

Ich liebe mein Vaterland. Nur dort
kann ich von fremden Ländern träumen.

Wer davon träumt, dass Bestseller und ihre Leser
verboten werden, ist noch kein Avangardist.

Jugendliche träumen von der Wirklichkeit,
Erwachsene von der Realisierung ihrer Träume
und Greise von ihren Jugendträumen.

Wenn der Holzfäller Bäume sägt,
träumt er von seinem Bett.
Wenn er im Bett träumt, sägt er Bäume.

Alpträume sind die Abschäume der Menschheit.

„Das hätte ich mir nie träumen lassen!"
„Wo lassen Sie denn träumen?"

Utopien? Ich träume nur von ungünstigen
Umständen für schlechte Erbanlagen.

Die Jugend träumt vom Handeln,
das Alter handelt mit Träumen.

Ziele und Pläne sind die Träume der Realisten.

Utopische Utopien : Träume von einer Welt,
in der man nicht mehr träumen müsste
und es eine Sünde wäre, nicht zu sündigen.

Konservative leben in alten Jugendträumen,
Jugend ist Hoffnung aufs Alter,
das von Träumen träumt.

Wer nicht vom Paradies träumt,
kann trotzdem in der Hölle sitzen.

Propagandist Freud? Weil schöne Träume
auf hässliche Realität hindeuten, deuten unsere
Alpträume auf eine gute und schöne Wirklichkeit.

Der Arme ist Materialist, da er nur vom Materiellen
träumt, und Idealist, da er davon nur träumen kann.
Reiche können sich Idealismus oder Idealisten
leisten und Ideen kaufen.

Wer stets nur um sein Leben kämpfen muss,
träumt einmal von Luxusproblemen.
Vielleicht ist das schon sein einziges.

Auch nächtliche Alpträume sind ein Erwachen
aus schönen Lebensträumen.

Unsere kühnsten Träume würden nur noch
übertroffen von der Realisierung der feigsten.

Atomphysiker sind Leute, die von Mikroskopen träumen, die sie erst durch Mikroskope suchen müssten.

Wir träumen, dass wir uns ständig in den Arm
kneifen, ob wir nicht bloß träumen.

Wer träumt, greift Freund und Feind
im Schutze der Dunkelheit an.

Neue Utopien sind nur Träume
vom Verwirklichen uralter Träume.

Man muss schlimm träumen dürfen, um nicht
schlimm handeln zu müssen, und mancher tut am
Tage Böses, um nachts nie böse träumen zu müssen.

Können auch ein Traum uns traumatisieren?

Nur ein Trauma befreit vom vorigen.

Als K. eines Morgens aus wirren Träumen
erwachte, fand er sich über Nacht
in einen Verwachsenen verwandelt ...

Was uns Träume bringt, aus denen es uns reißt,
ist Kunst.

Dichter, die Träume erzählen, zählen nie auf Denker,
die die Kosten zählen.

Träume werden wahrer beim Erwachen.

Träumst du die Außenwelt, wie du dein Innenleben
wahrnimmst, oder träumst du dein Herz,
wie du die Welt siehst?

Wer sich an jugendliche Zukunftsträume erinnert,
lebt auch in der Gegenwart.

Manche Träume sind Schaumbäder zu zweit.

Wer nur träumt, dass er träumt,
steht deshalb noch nicht voll im Leben.

Jeder Wunschtraum und Alptraum
sucht sich seine Schlafmützen.

Der Traum des Gerechten: Gute Menschen dürfen irgendwann sterben, böse müssen unsterblich
schmoren.

Traumdunkle Jugend will Aufklärung,
desillusioniertes Alter Geheimnis.

Mein Traum ist es, dein Traum zu sein,
und dass es dein Traum ist, mein Traum zu sein.

Leben ohne Träume ist schon halbleer,
doch Traum ohne Leben noch halbvoll.

Verleger, Psychologen und Literaturwissenschaftler
leben von seinen Träumen besser als der Dichter.

Nächtliche Alpträume korrigieren Tagträumer.

Alte träumen von Zeiten,
als ihre Träume noch unerfüllt waren.

Die Phantasie träumt nicht im Schlaf.

Bei Berührung mit Träumen
zerplatzen wirkliche Seifenblasen.

Träumt nachts von Mut zu großen Tagträumen!

Nur Schlechtes *tun* heißt besser
als Schönes nur *träumen*.

Vielleicht ist das Leben kein Traum, aber ein
Mensch eine Fata Morgana.

Träumen vereint mit den Dingen, Handeln entzweit
mit den Dingen, und Denken vereint beides.

Aus Alpträumen erwacht man, froh,
eines Tages nur ganz entschlafen zu müssen.

Der Bürger träumt von Gemeinschaft,
die das Volk immer hatte. Der Arbeiter träumt nie
von Individualität, die Bürger nur noch simulieren.

Hirnforscher machen dich so unfrei,
selbst vom freien Nichtmüssen träumen zu müssen.

Wir sind nur so frei,
von Freiheit zu träumen.

Ich brauche keinen Schlaf, um träumen zu können,
sondern Wachträume, um einschlafen zu können.

Tagträume werden nachts wahr. Im Schlaf.

Wer mehr könnte als nur träumen,
kann nur davon träumen,
andere aus schönen oder bösen Träumen zu wecken.

Träume von Idyllen und erwache in Utopien!
Plane Paradiese und erwache in Lagern.

Träume : Sehnsucht erreichter Ziele
nach unerreichbaren Wegen.

Idealist ist, wer Materielles hat, das der Materialist
nur erträumt. Idealist heißt, wer mehr Ideale
als Ideen hat, und Terrorist, wer sie realisiert.

Wenn ein lieber Gott nicht existierte,
würden wir häufiger von ihm träumen.

Realität ist so, dass sie zu Träumen zwingt, doch
Phantasie nicht so, dass sie zum Handeln treibt.

Wer Theorien praktiziert, handelt wie einer,
der von Realität träumt.

17

Geistesleben geht nur auf den Geist

Am meisten auf den Geist geht uns
an den Mitmenschen immer nur ihr Geist.

Wer im Kampf der Geister nachgibt, kann der Klügere
sein. Theoretisch handelt er : Er denkt praktisch.

Am „Zeitgeist" stimmt aber auch gar nichts.
Er ist immer zeitlos und geistlos.

Der Geist ist der Kerker des Leibes?
Aber die Zelle war doch immer offen!
Der Körper ist der Kerker des Geistes?
Aber die Zelle ist doch leer!

Utopie : Proletarier aller Länder, einigt euch
auf den vierundzwanzigstündigen Geistesarbeitstag!

Wer seine geistige Nahrung mit niemandem
teilen will, beschränkt seine Moral darauf,
anderen die Bäuche vollzuschlagen.

Jeder weiß, ob er körperlich
und ob andere geistig behindert sind.

Wer andere vom Geist ausschließt,
hat sich selbst vom Geist ausgeschlossen.

Der Menschengeist ist ein Gespenst
oder Fleisch von Gottes Fleischlosigkeit.

Die meisten irdischen Außerirdischen
sind gutgeerdete Geistesblitzableiter.

Der Starke wagt, den Schwachen so wenig
im Geiste anzugreifen wie der Schwache
den Starken in Wirklichkeit.

Wer Genies nicht zu Geiste rücken kann,
rückt ihnen zu Leibe.

Zeitgeist ist Kulturkonsum für die da oben
und Konsumkultur für die da unten,
meist in einer Person vereint.

Körper bilden Massen, Individuen den Geist.

Wo der Geist kein Gespenst ist, braucht es keinen
Idealismus, und wo Menschen leben, gar keinen
Humanismus, aber wo keine Anthropologen sind,
leben noch keine Menschen.

Bildungshunger ist der beste Koch
für geistige Nahrung. Er treibt's rein.

Das schwächste Fleisch hält sich für klüger
als der willigste Geist, weil es immer nachgibt.

Wer nicht den Buchstaben des Gesetzes befolgt,
beschwört gern seinen Geist.

Der Intellektuelle arbeitet für seine geistige Existenz mehr als für die physische Existenz anderer.

Sinnlos ist erst ein Leben,
das den Geistesarbeitsplatz im Weltall verliert
und auf der Milchstraße liegt.

Philosophie ist eine Alternative zur bloßen Alternative von materialistischen Reden über Geister
und geistreichen Reden über materielle Dinge.

Die Seele ist ein Wunschtraum von Holzköpfen
und der Körper eine Erfindung der Geistreichen.

Seinen Stammbaum führt der Deutsche auf Mutter
Natur und Vater Staat zurück und seinen geistigen
Stammbaum bis auf seinen Doktorvater.

Wenn einer mal kein Fleisch isst oder streichelt,
muss er noch nicht Geist haben.

Wir brauchen etwas Köpfchen, uns eine materielle
Existenz zu verschaffen, die aber nicht mehr gebraucht wird, uns eine geistige Existenz zu schaffen.

Arbeiter haben Material in dreckigen und sind
Material in sau-beren Händen. Sie sollten endlich
mal ihr Menschenrecht auf Geistesarbeit einklagen!

Kopfarbeit macht das Geistesleben sauer,
und voller Bauch studiert Diätkochbücher.

Armut ist nicht das Schlimmste, aber der Ehepart-
ner eines Genies muss immerhin mit dem geistigen
Existenzmaximum auskommen.

Intelligenz ist Intuition in Zeitlupe, und Intuition
ist die Allwissenheitsquelle der geistig Armen.

Am besten unterhalten uns Menschen, die wir
zu unterhalten verstehen — materiell wie geistig.

Aufklärung heißt : Früher hatte man Gespenster,
heute nicht einmal Geist.

Freie Natürlichkeit ist meistens
nur ungezwungene Geistlosigkeit.

Lieber vom bösen Körper bedrängt sein
als von allen guten Geistern verlassen!

Wer den Geist(reichen) nicht ehrt,
ist des und den Leib(haftigen) nicht wert.

Aphorismen sind Mikroprozessoren,
die Geistesarbeitsplätze vernichten sollen.

Unsere modernen Mönche fliehen die Versuchun-
gen des Geistes, kasteien ihren Kopf und verteufeln
die fleischlosen Genüsse intellektueller Naturtriebe.

Unser Geist denkt sich die Atome aus,
aus denen er entstehen und bestehen will.

„Der Geist, der stets verneint", ist der Körper,
der stets bejaht.

Geistesadel wohnt gewöhnlich in Luftschlössern.

Jeder macht sich von sich ein Weltbild und von der
Welt sein Selbstbildnis, aber der Geist spiegelt weniger die Welt, als dass sie ihn spiegelt, und die Welt
spiegelt nicht den Geist, sondern dass er sie spiegelt.

Materialismus ist Idealismus der Gehälter,
Idealismus ist Realismus der Geister.

Komisch nur, dass es so viele Geisteskrankheiten
in sportlichen Körpern wie gesunden Menschenverstand von Genies in kränklichen Leibern gibt.

Die Trennung von Staat und Kirche
ward Kumpanei von Macht und Geist.

Einbildungskraft : TV für arme Geistreiche.

Die Geistreichsten glauben nur noch
an Materie(llstes).

Autoren ohne Geld verehren es,
Autoren ohne Geist verleumden ihn.

Wer sich geistiges Eigentum zu eigen macht,
bricht kein Urheberrecht.

Geisteskrank ist, wer noch nach niemandem
ganz verrückt war.

Geistesblitze donnern uns an, aber blitzen ab.

Leib und Seele sind getrennt, seit unser Geist
nicht jedes Mal zusammen mit dem Körper
getroffen sein will.

Gab es nie Klassenkampf zwischen den in leiblichen
und in geistigen Kindern Überlebenden?

Licht ist der Leichtfuß unter den Stoffen,
doch Materie kein Schwergewicht unter Geistern.

Leib und Seele sind eins, heißt es nun.
Das stimmt, denn Geist haben beide nicht.

Oft will *sie ihn* durch ihren Körper verführen,
ihre Seele oder ihren Geist zu preisen.

Gesundheitsbewusstsein wurde zu einer noch nicht
anerkannten Geisteskrankheit.

Aphorismen sind der Versuch, auch in Demokratien
geistreich zu sein, also selbst ohne Zensur.

Die Seele ist für den Leib oft zu geistreich
und für den Geist zu leibhaftig einverleibend.

Der Geistesblitz schlägt ins Gedankengebäude
und zertrümmert es zu vielen Aphorismen.

Dem Kleinmütigen gehört die geistige Welt, und
großmütiger Mut raubt sie ihm nicht übermütig.

Materielle Sicherheit ist fast so viel wert
wie ein geistiges Armutszeugnis.

Geist ist das Vermögen, ohne Vermögen etwas zu können, was andere mit Vermögen nicht können.

Reiche Nichtsnutze nützen der Mehrheit mehr als geistreiche Habenichtse.

Geistesblitzen folgt Donnergrollen der Leser.

Auch das Himmelreich ist schon unter Reichen aufgeteilt. Für Geistreiche bleiben Geisterreiche.

Unter der Erdoberfläche liegen mehr oberflächliche als tiefe Geister.

Wer würde sich ohne gutdotierten Kulturposten lebenslang mit geistigen Dingen beschäftigen?

Asoziales sucht ein geistiges System, soziales System aber geistige Fragmentierung.

Drei Geisteskrankheiten:
Der Wahn, gut zu sein,
die Manie, besser zu werden,
und die Depression, schlecht zu sein.

Man ist heute lieber spirituell und esoterisch
als geistreich und geistlich.

Wer so viele geistige wie leibliche Kinder will,
bleibt steril.

Geist braucht man nur *gegen* seine Zeit,
Zeit aber *für* seinen Geist.

Fortschritt erhob Geistiges über Körperliches:
Man verhöhnt nun Dummköpfe, nicht Krüppel.

Kommt ein Geistreicher eher durchs Nadelöhr
als ein reiches Kamel in die Hölle?

Kein Klassenkampf zwischen Kulturkapital
und Geistesarbeit?

Hasst du Witz, den du nicht hast?

Auf Erden existiert weniger unsichtbarer Geist als
im Kosmos sichtbare Materie, und beides zerstreut
sich mit wachsender Eile.

Weisheit ist der Witz, Wissen als Aberglaube
schmackhaft zu machen.

Der Kopf hat den Witz, den er nicht macht;
sein Gegner macht den Witz, der er ist.

Der Philosoph sucht Weisheit, der Aphoristiker
findet Witz, und der Forscher erfindet Wissen.

Der Aphoristiker opfert einen Witz nur einer Sache,
die er dem Witz an der Sache opfern kann.

Herren haben sich noch nie totgelacht.
Knechte hatten zu wenig Witz.

Gewitzt. *Hegels* Idee war ein trockener Witz
auf *Schlegels* frühromantischen Witz.

Witz ist die Fähigkeit, Anpassung in der Auflehnung und Aufstand im Gehorsam sehen zu lassen.

Viele Kinder haben Weisheit,
Erwachsene Wissen(schaft)
und Alte Witz.

Hegel brachte System in den Geist,
Schlegel Esprit ins System.

Der Geist sieht, warum und wozu das Auge
etwas (nicht) sehen kann.

Geist ist Notdurft für den, der im Überfluss lebt,
und Luxus der Armen.

Naturwissenschaft unterjocht die große Natur,
Geisteswissenschaft den großen Geist.

Die Utopie liegt darin, materiell so genügsam
wie geistig zu werden.

Sind Logiker Naturwissenschaftler des Geistes
oder Geisteswissenschaftler der Natur?

Naturforscher sind oft geistreicher als Geisteswissenschaftler, die nur ihrem Naturell folgen.

Spiritismus. Spirituelles ist nicht viel geistreicher
als geistliche Spirituosen.

Im gesunden Körper ist Geist eine Krankheit
wie im gesunden Menschenverstand.

Körperlich fit und gesund bleibt man
für spätere Geisteskrankheiten.

Zeitloser Geist in geistloser Zeit
treibt nur noch reine Mathematik.

Wer das Fleisch nimmt, lässt dir meist die Knochen
und nicht den Geist.

Geist und Gewalt sind solange Todfeinde, bis der
Geist der Macht über die Macht des Geistes kommt.

Geist ist seit langem ein Fremdwort
für einen Fremdkörper.

Ein Reicher weiß nie, dass er reich genug ist; ein
Geistreicher weiß, dass er nie geistreich genug ist.

Jeder will heute *ganz er selbst* sein,
Hauptsache nichts Geistiges.

Der Kluge ist oft ein Feigling,
aber nicht jeder Angsthase ein Geistesheld.

Gott ist Geist, heißt es. Geisteswissenschaftler
wissen nichts mehr davon.

Nietzsche pries die Sinnenlust,
indem er seine Leser verletzte. *Platon* tröstete seine
Hörer, indem er die Geistesfreuden rühmte.

Höre die Stimmen des Gewissens
und lass dich geisteskrank schreiben!

Die Seele ist unsterblich, wo sie Geist hat
und ewig gültige Logik versteht.

Feste in Festungen feiern. Der Leib kann nicht so,
wie die Seele will, und der Geist kann nicht so,
wie der Körper will : Was ist komischer?

Copyright. Wünsche verwünschen andere.
Enteignet die Geistreichen!

Wer über Witz spottet, hat auch Humor.

Geist braucht mit der Zeit mehr gute Gründe
als der Zeitgeist.

Um im Leben zu stehen, genügt es nie,
den Geist als Gespenst zu sehen.

Der bloße Geist ist nicht im Norden,
weil das nackte Leben im Süden ist.

Dem Geist fällt es schwer, mehr zu werden,
dem Leib schwerer, weniger zu werden.

Geistige Geradlinigkeit besteht
aus potentiell unendlich vielen Pointen.

Einst hielt man sich den Leib vom Leib, heute Seele,
Geist und Gott.

Ich bin nicht geisteskrank, ich könnte Bäume
der Erkenntnis ausreißen.

Geisteswissenschaften wissen Geistreiches
mit guten Gründen gründlich unter den Teppich
zu zerreden.

Wer ernste Dinge nicht mit Witz vorträgt,
wird ausgelacht.

Eher werden Barbaren mit Geld
als Sklaven mit Geist abgefunden.

Ruht der Geist, reist der Leib.

Der Geist erfährt sein Gegenüber
wie ein Geisterfahrer den anderen.

Nur geistige Arbeit macht Mordsvergnügen,
nur geistiges Vergnügen macht Mordsarbeit.

Geistesblitze : Mündigkeitsfeuer aus Lebensläufen.

Zum ewigen Müßiggang bist du nicht reich genug.
Oder nicht geistreich genug?

Wer nicht Geist hat, wird nie geisteskrank, hofft man.

Geist ist der Blick, den ein Blickwinkel
auf (s)einen Augenblick wirft.

Geist weicht nicht mehr ab,
sondern auf und aus.

Einst war die Seele die Form des Leibes und der
Rohstoff des Geistes. Heute ist sie Psychologin.

Geistesadel *von und zu* : Wozu ein Buch von XY?

Geistloser Kampfgeist der Sportskanonen:
Weltkrieger ohne Kanonen.

Der Geist sieht, warum und wozu das Auge
etwas (nicht) sehen kann.

Gesellschaftlicher Erfolg glänzt
durch Geistesabwesenheit.

Menschengeist macht auf dem Lebensweg Erfah-
rung weniger mit Geistern als mit Geisterfahrern.

Geistige Freiheit verkam zum trotzigen Recht,
eine eigene Meinung zu vertreten,
die seit Jahrtausenden schlüssig widerlegt ist.

Geist ist, wenn der Kopf
über die eigene Leiche geht.

Lektüre macht geistige Armut erträglicher.

In ein reiches Naturtalent oder in eine reiche Familie
hineingeboren zu sein, ist gleich ungerecht –
gegenüber den Armen im Geiste wie im Beutel.

Vorschrift : Wissenschaftliche Geistesblitzableiter
gehören auf alle Gedankengebäude!

Heute wird uns alles aus und auf Bauch geschrieben,
damit es nicht auf den Geist geht.

Auch richtige Geisteswelt ist nicht gerecht,
aber sach- und fachgerecht eingerichtet.

Der Druck der Wirklichkeit presst den Geist
zu Aphorismen zusammen.

Kränkelnde Arbeitstiere halten den ganzen Betrieb
auf, reibungslos funktionierende sind geisteskrank.

Mit Reichtum wüssten nur Geistreiche
etwas anzufangen.

Auch jede geistige Nahrung
kann eine Henkersmahlzeit sein.

Der Zeitgeist betrügt das einzig *Wahre* mit der eigenen Meinung, das *Gute* mit Vergütungen, *Schönes*
mit der Färberei und *Heiliges* mit der Diva.

Geist ist ebenso Kulturkapital
wie Gold eine spirituelle Macht.

Das Geld schaut auf die Welt wie der Geist : herab.

Wer vom Menschen den Körper abzieht, behält
keinen Geist übrig, und wer die Seele abzieht,
keinen Leib.

Der Leib will etwas, und die Seele bringt es,
oder sucht der Geist etwas, und der Körper holt es?

Der Künstler tönt von Tun und Geist
und giert nach Ruhm und Gold.

Geist fällt lästig, wo Lustloses
schon geistreich wirkt.

Geist gilt als das menschlichste Sinnorgan.

Der eine hat Köpfchen, der andere Geist.

Geist gilt inzwischen als Todsünde
wider die heilige Schweinefleischeslust.

Geist ist keine Nebenwirkung des Körpers,
doch leibliches Wohl ein Placebo des Kopfes.

Wer sich zu kurz fasst, geht oft zu weit, doch
von Geistesblitzen Erschlagene leben lustig weiter.

Hegel begriff Schlegels geistreiche Witze
als gewitzte Bruchstücke eines Universalwitzes,
den Adornos Esprit witzlos fand.

Im Ich wie in seinem Witz hängt zusammen,
was im All nicht zusammengehört, wie im Gemüt
auseinander folgt, was im Gehirn auseinanderfällt.

Persönliche Anwesenheit
ist noch keine große Geistesgegenwart.

Einst war man beseelt und begeistert,
nun ist man besoffen und bekifft.

Um den Witz bei der Sache zu finden,
muss man sie ernst genug nehmen.

Was Gott und Welt und Mensch verbindet,
ist kein Begriff, sondern ein Witz bei der Ursache.

Wahre Industriedemokratie : Achtstundenwoche
und ein geistiges Leben.

Geisteskraft bewegt Stubenhocker,
Geistesträgheit hält den Körper fit.

Eher ist Leben eine *Selbstentfremdung* des Geistes
als Geist eine Selbstentfremdung des Lebens.

Scharfsinniger Geist entfremdet sich zurecht
einem stumpfsinnigen Leben.

Nicht der Geist erstarrt,
sondern Leben lässt sich gehen.

Der Mensch fühlt sich auf Erden größer als die Erde
im All, und sein Geist setzt große Töpfe in kleinere.

Der Blinde gewahrt das Donnerwetter
und der Taube den Geistesblitz.

Ohne Geist wird pure Vernunft die Luftbrücke
zwischen Irrtum und Irrsinn.

Geist sollte weltfremd sein, *dehors*, weder für
noch gegen, weder Zeitgeist noch Corpsgeist : Ein
Nebenleben für sich, ob nun drunter oder drüber.

Eitel wird, wessen Stolz geknickt wird,
und stolzer Geist kränkt weniger als Geist.

Begeisterung für Ungeist. Idealisten kommen
nie auf die kluge Idee, dass um ihrer selbst willen
nicht nur kluge Ideen verfolgt werden.

Früher hatte man Geist, heute die Hirnforschung.

Der Leib bewegt die Seele und der Körper bewegt
den Geist wie die Fahne den Sturm.

Die meisten Menschen müssten unsterblich sein.
Wer hat einen Geist, den er aufgeben könnte?

Ist Logik die einzige Form, die Natur und Geist
gemeinsam haben?

Physiker erfahren nun von unbelebter Natur mehr
als Geisteswissenschaftler von menschlicher Natur.

Habenichtsnutz. Materielles Eigentum wird besser
geschützt als geistiges, dem es sich verdankt.

Otium doctum. Wer von seiner Arbeit leben kann,
ist nicht geistig tätig.

Pop(anz). Wer allen nach dem Munde reden will,
verteidigt Fraß und Suff, Sex und Sport gegen
die „Heuchelei des geistigen Lebens".

Existenzkampf um Gelder besiegt
den Konkurrenzkampf der Geister.

250 Jahre Industrie. Maschinen wollten mal
Knochenjobs und Routinearbeit abschaffen,
um uns frei zu machen für Geistesarbeit, doch nicht
kindische Spielbedürfnisse von *Gamern* schaffen,
für die noch mehr zu schuften wäre.

Erfolg. Geist folgt dem Gold, Geld verfolgt
den Geist und befolgt Geister.

Nicht wenige Geisteswerke sind kritisch, präzise
recherchiert, aufrichtig und authentisch, tolerant
und pluralistisch, besonnen und humanistisch
und doch nicht die Wahrheit.

Geistesblitze erreichen uns bei Unwettern leider
selten *vor* dem Kanonendonner.

Ein geistiger Mensch begeistert sich für Gott,
der ganz Geist ist, und will die Schöpfung
eher verherrlichen als beherrschen.

Der Blickwinkel, aus dem du die Welt siehst,
sollte dir stets vor dem geistigen Auge stehen.
und Dummheit definiert sich als Glaube, die Welt
aus dem Blickwinkel von 360 (statt 36) Grad
zu sehen.

Verelendungstheorie. Der vierte Stand hat den materiellen Wohlstand des Kleinbürgers und der dritte Stand den geistigen Tiefstand des Proleten glücklich erreicht.

Eines der letzten Tabus dieser wie jeder Zeit bildet die physische, seelische und geistige Verelendung ihrer Arbeitssklaven, kulminierend in ihrer Verdrängung und Verleugnung. Bürger lesen auch nur Mordkrimis, Bürgerinnen Liebes-romane, Adlige den *Gotha*-Klatsch – aus Verblödung oder bis zur Verblödung. Und philosophische Gedanken sind ersetzt durch umweltanschauliches Geplauder.

Der Idealismus hat alles materialistische Getue und Gehabe überlebt : Geistige Arbeit wird materiell weiterhin besser vergütet als körperliche.

Einsamkeit ist etwas, das der Reiche nie und der Geistreiche nur erträgt.

Dichter und Denker müssen dem Corps- und Zeitgeist weit genug voraus sein, um ihn antreiben zu können, doch nicht so weit, um von ihm vertrieben zu werden.

Schiller 2000. Der nützliche Arbeitssklave
aller Länder ist nur dort ganz Mensch,
wo er mit nutzlosen Geistesglasperlen spielt.

Arbeit in Kraftwerken heißt,
Arbeit an Kunstwerken geistig zu behindern.

Kunst tut so, als würde der Autor seinen Leib
verkaufen und die Hure ihren Geist.

Schönheit wird selten den Geist entwickeln, der
über ihren späteren Verlust hinwegtrösten kann.

Macht duldet Differenz des Gegners,
nie Indifferenz des Geistes.

Meist verbirgt *sie ihm* kokett ihren Leib
und *er ihr* seinen Geist.

Der Geist des Gesetzes sitzt für viele
auf den vier Buchstaben des Vorgesetzten.

Mancher ist einfach zu blöd
für richtige Geisteskrankheiten.

Dichter und Denker sind stets Ausländer –
heimisch in geistigen Regionen.

Im Abstand von ihnen werden Körper
immer kleiner und Geister immer größer.

Wenn man schon sterben muss,
dann als besonnener Held; wenn man schon leben
darf, dann als feiger Geistesheld.

Religion erzeugt die einzige geistige Massen-
kultur, die nicht banal und billig ist.

Das geistige Interesse kann heutzutage wählen
zwischen dem zeitlosen Gemetzel der Geschichte
und dem ziellosen Gestöber des Weltraums.

Früher *konnten* Leibeigene geistig frei bleiben,
heute *müssen* freie Bürger Arbeitssklaven sein,
die selber Sklaven halten *dürfen*.

Beneide jeden Reichen und jeden Geistreichen,
aber nur um das, was keiner mit seinem Reichtum anfängt.

Kunst ermöglicht die Tollkühnheit von Feiglingen,
Wissenschaft duldet Kleinmut von Geisteshelden.

Der *Triumph der Technik* ist kein bloßer
Triumph des menschlichen Geistes, sondern
auch ein Triumph über den menschlichen Geist.

Atheisten und Agnostiker sind Gutgläubige,
die geistige wie geistliche Abenteuer scheuen und
Extremdisziplinen für Körperertüchtigung halten.

Wären Leib und Seele und Geist eins,
könnten sie nicht voreinander schützen.

Der feinste Stoff ist noch nicht
der gröbste Geist und der größte Mensch
noch nicht der kleinste Gott.

Früher war Geschlechtliches schlecht.
Heute ist es samt Geist nicht freier,
aber schlicht grobschlächtiger.

Über Geist und Geld fällte Marx
zu gebräuchliche Tauschwerturteile.

Hohen Gedanken darf man niedere Gelüste opfern,
aber auch für edelste Begeisterungen auf das letzte
bisschen Geist verzichten?

Die meisten arbeiten gern viel mehr,
als für ihr Leibeswohl nötig wäre,
um unbezahlter geistiger Mühe zu entgehen.

Unter lauter Leichen wirkt jeder Lebende
wie ein Geist.

Geistreiche sollten mit kleinem materiellen
Vermögen nicht schlechter fertig werden
als Neureiche mit kleinem geistigen Vermögen.

Manch geistreiches Werk will bettelarme Vorfahren
retten und rächen.

Sinnliche Brunst nährt auch geistige Inbrunst,
ohne miteinander schwinden zu müssen.

Einst verteidigten Helden die schwache Kreatur
gegen jede Macht, dann Geisteshelden die rote
Diktatur gegen jeden Arbeitssklaven.

Demokratie keimt, wo der Mensch zerfällt
in neureiche Herren und geistreiche Knechte.

Geistigen Untergang erlebt,
wer sich in keine Materie versenkt.

Geist überredet, Macht überzeugt, Recht überführt,
Unrecht überfährt, und Gefühl überkommt.

Ein kluger Kopf ist stets geistesabwesend
und geistesgegenwärtig zugleich.

Der Geist hatte lange genug den einzigen Zweck,
unsere materielle Existenz zu sichern. Nun hätte
das Materielle den einzigen Zweck, eine geistige
Existenz zu ermöglichen.

Die Industrie schafft immer neue lächerliche Bedürfnisse, um keine zweckfreien Kulturbedürfnisse
wecken und den bescheidenen Bedarf geistiger
Existenz decken zu müssen.

Die geistige Armutsgrenze liegt kaum
beim materiellen Existenzmaximum.

Einst schuf bescheidener Geist materiellen Wohlstand, und einst sollte materielle Bescheidenheit geistigen Reichtum schaffen.

Der gewöhnliche Geist ist mit viel Körper, der ungewohnte Leib mit viel Seele bekleidet.

Hat schon Geist, wer mit Schlagfertigen fertig wird, ohne zuzuschlagen?

Man ist nicht klug genug, seine geisteskranke Dummheit zu sehen, doch nicht dumm genug, seinen gesunden Menschenverstand zu übersehen.

Von Gleichheit und Gerechtigkeit,
von Frieden und Freiheit träumt,
wer von keinem besonderen Naturtalent
oder geistigen Interesse nachhaltig gefesselt ist.

Der Knecht ist die Wahrheit des Herrn

Wer ist schlecht genug, um Knecht zu sein?

Das Selbstbewusstsein der Herren bestimmt
das Unterbewusstsein der Knechte.

Natürlich sind wir Atheisten. Vorm HErrn
wären Herren und Knechte ja gleich.

Knechte müssen objektiv sein,
Herren dürfen subjektiv sein.

Ohne Fleiß des Knechtes kein Preis des Herrn,
und nicht jeder hat seinen Fleiß.

Selbstbeherrschung wäre gut,
wenn es da keinen Knecht gäbe.

Religion heißt nicht, dass Herr und Knecht
sich im Unendlichen treffen werden.

Damit der Knecht sich selber zur Arbeit antreibt,
lässt man ihn heute sein eigener Herr werden.

Herren regieren nur auf unausdrücklichen Wunsch
ihrer Knechte, Sklaven machen Revolutionen nur
auf ausdrücklichen Wunsch schwacher Herrscher.

Ein Deutscher gilt als Mensch, der nicht einmal
seinem Herrn in den Hintern zu kriechen wagt,
sondern nur dessen Dienern.

Selbstmord ist verboten,
weil ein toter Diener ein unnützer Diener ist.

Für manche Mörder wäre es Strafe genug,
mögliche Opfer als Sklaven halten zu müssen.

Die Internationale der Sklavenhalter
erkämpfte sich ihr Recht auf Menschen.

Ob eine Sklavenhalterwirtschaft nun griechische
Kultur hervorbringt oder nie, Kulturlosigkeit und
Multi-Kulturlosigkeit ist immer zu rechtfertigen.

Sklaven bedanken sich für Herren,
die ihnen etwas schenken, und danken Herren,
die sich von ihnen etwas schenken lassen.

Wer den HErrn fürchtet, fürchtet nicht die Herren −
fürchten die Herren.

Gegen den *Positivismus* spricht, dass jemand,
der sich nicht selbst widerspricht, damit noch nicht
seinen Herren widersprochen hat.

Einst wähnten wir, etwas für andere zu tun,
das wir im Grunde für uns selber taten.
Heute glauben wir, für uns selbst zu tun,
was wir in Wirklichkeit für unsere Herren tun.

Die Natur beherrscht uns durch unsere Illusion,
sie zu beherrschen, doch wir beherrschen sie nicht
durch ihre Illusion, uns zu beherrschen.

Es ist noch kein freier Mann, wer zu mittelmäßig ist,
seinen Herren als Mittel zum Zweck zu dienen.

An Mördern wollen wir bestraft wissen,
dass *wir* uns beherrschen mussten.

Kaiser Nero sah sich als verhinderten Künstler. Er
wusste, was für verhindderte Herrscher Künstler sind.

Der feine Herr macht seine Perle zur Sau,
die er ihr vorwirft.

Wenn es wenigstens noch Herren-
und Übermenschenfresser gäbe!

Der Staat ist ein herrliches Mittel der Herrschaft
weniger über alle, die sich nicht selbst beherrschen
können, in deren Auftrag.

Die Herren im Hause des HErrn leben herrlich
und in Freudenhäusern.

Wo einer nicht herrschen kann,
fühlt er sich auch schon verfolgt.

Ein Geschlecht beherrscht das andere dadurch,
dass es sich von ihm beherrschen lässt.

Selbstbeherrschung gilt heute als herrschende Form
der Anästhesie und depressiven Autoaggression.

Die Herrscher aller Länder arbeiten
an der Begrenzbarkeit des Atomkriegs
auf Arbeitssklaven aller Länder.

Das Revolutionärste an dem gemeinen Volk ist sein
Traditionalismus, und das Reaktionäre an den Herr-
schenden war immer ihre fortschrittliche NeuGier.

Ein Herr tut alles, um nichts tun zu müssen,
als sich alles zu leisten, um nichts zu leisten.

Bediene dich deiner eigenen Gefühle, doch
lass dich von deinem Verstand beherrschen.

Selbstbeherrschung wird erträglich,
weil sie auch Selbstbedienung ist.

Für kleine Herren gibt es keine großen Diener.

Herren tut´s leid, Knechten tut´s weh.

Wo Freiheit herrscht,
herrscht sie auch über uns.

Ist es herrlich oder dämlich, dass Damen nun
herrlich und Herren nur dämlich sein sollen?

Herrscht heute ein Imperialismus
anti-imperialistischer Grundsätze?

Lieber ein Diener des größten Ganzen
als sein eigener Herr über kleinste Parzellen?

Du stehst wirtschaftlich besser als dein Knecht
und moralisch besser als dein Herr.

Nur als Sklave deines Herrgotts
würdest du deiner Herren Herr.

Niederste Lohn- und Dienstleistungssklaven wurden
wieder höchste Luxusartikel.

Paria oder Parvenu. Man beutet keine Arbeitssklaven mehr aus, sondern ihre Befreiung selbst
und macht Arbeit und Handeln zum *Neg-otium.*

Dumme Sklaven zeigen ihre früheren Besitzer an.

Sklaventreiber befürworten Abtreibungen
und Kinderkrippen zugleich : Man fürchtet
zu viele ebenso wie zu wenige Knechte.

Wir kopieren sklavisch die modernen Originalitäts-
und Befreiungsformen.

Das waren noch Zeiten, als man Sklaven befreien
konnte, indem man Sklavenhaltern Höllenangst
machte.

Man züchtet sich realistische Praktiker,
d. h. ideale Sklaven.

Die Reichen tolerieren die Armen
und die Herrscher ihre Sklaven.

Selbstbestimmung ist Selbstvermarktung
ist Selbstversklavung heute.

Effizienzzwang, nie Humanität, befreite die Sklaven

Sklaven schufen Adelsmuße,
Maschinen schaffen Bürgerfleiß.

Der Mittelständler wird als Sklave gehalten,
der Sklaven halten darf.

Revolution beginnt mit schreibenden Sklaven
und endet nicht mit fernsehenden *Shoppern*.

Sklavenhalter wurden Sklavenunterhalter,
die sich damit amüsieren, sie zu amüsieren.

Freiheit : Wahlmöglichkeit
zwischen beliebigen Sklavereiformen.

Knechte tragen Differenzen,
Herren Differenzierungen aus.

Lux et crux. Den Knechten widersteht der Herren
subjektiver Wahn, den Herren nur des Herrgotts
objektive Wahrheit.

Der Herr schaut, der Knecht baut:
Akteure dienen, Zuschauer verdienen.

Gesellschaft heißt:
„Mein Herr, Sie sind mein Knecht!"

Superreich ins Himmelreich? Christentum
war die Idee, dass der Knecht mehr wert sei
als (sein Preis für) die Herren.

Knechte müssen ihrem Herrn beweisen,
dass er es gut mit ihnen meint.

Herren haben sich noch nie totgelacht.
Knechte hatten zu wenig Witz.

Der Herr toleriert den Knecht – als Knecht.

Man befreit sich von einem Herrn,
um sich einen herrlicheren zu suchen.

Deine Stimmung stimmt stets der Stimme deines
Herrn zu, die über deine Befindlichkeiten befindet.

Herr ist, wer das Opfer fordern kann,
dass andere ihre Forderungen opfern.

Alte Köpfe sagen nein,
indem sie unbeherrscht wackeln.

Man soll mehr als zwei Herren dienen
und sie gegeneinander ausspielen.

Demokratie : Selbstbeherrschung des Volkes.

Lasst lieber den frei,
der sich selbst beherrschen kann!

Moderne Freiheit ist Beherrschtsein von Launen
und fixen Lieblingsideen.

Herrscht eher organisiertes Chaos
oder anarchistische Sphärenharmonie?

Wissen ist Macht:
Wissenschaften sind eine Sache der Herrschaften.

Es herrscht Krieg oder Frieden und Freiheit,
aber immer über Menschen.

Poesie und Philosophie haben den herrlichen Sinn
und Nutzen, dass man für Herrschaften sinnlos
und unnütz wird.

Wahrheit ist die einzige Tyrannei,
die den Beherrschten frei macht.

Man beherrscht am liebsten jene,
die sich nicht beherrschen können.

Wer gesellschaftlich herrschen will,
ist von der Gesellschaft schon beherrscht.

Wer sich nicht selbst beherrschen kann,
will sich aber selbst bedienen.

Die Herren wollen nur noch die anstellen,
die sich nicht so anstellen.

Gemeinsamkeit durch Gesellschaft ist eine
unbeherrschbare Komplikation der Einsamkeit.

Die Reichen tolerieren die Armen
und die Herrscher ihre Sklaven.

Niederwerfung von Herren glückt nur
als Niederwerfung vorm HErrn.

Ohne herrschende Stände
herrschten die herrlichsten Zustände.

Selbstbeherrschung ist die einzige
gesetzlich erlaubte Tierquälerei.

Sei zu klein, um zu herrschen,
und zu groß, um beherrscht zu werden.
(Ausnahme : Selbstbeherrschung)

Die Gesellschaft ist die Krebszelle der Familie, und
Demokratie wäre die Herrschaft von Familienvätern
über Landesväter.

Gerecht : Wer nicht Herren dient,
die zu nichts dienen, verdient nichts.

Selbstbeherrschung verletzt die Menschenrechte.

Wenn Vater Staat nicht herrscht, dann herrscht
nicht markige Freiheit, sondern freier Markt.

Der Feigling zeichnet sich aus durch den Mut,
der Schlaukopf durch die Klugheit seiner Sklaven.

Nur Selbstbeherrschung hat nichtautoritäre Autorität

Ein Sklave der Geliebten wird der Gesellschaft Herr

Wo Demokratie ist, herrscht nicht die Mehrheit
der Armen, Erniedrigten und Beleidigten.

Entweder ist der Herr ein Mensch und sein Knecht
ein Vieh oder der Sklave ein Mensch und sein Boss
ein Gott.

Der Kopf erzeugt die Ideen, die ihn beherrschen.

Geherrscht hat immer nur,
was längst ausgedient hat.

Manchen Herrn würde man nicht mal
als Knecht nehmen.

Der Aphoristiker ist ein Herr, der sich kurzfassen
kann, oder ein Knecht, der sich kurzfassen muss.

Christen waren Sklaven, die Sklaven befreiten.

Der Christ kann seinen Herrn beherrschen,
indem er zwei Knechte zugleich bedient.

Einst gab es Familien ohne Sex,
heute dominiert Sex ohne Familien.

Tyrannei herrscht, da Freiheitskämpfer gewöhnlich
nur frühere Freiheitskämpfer bekämpfen.

Schon lange herrschen hier Frieden und Freiheit.
Sie dienen zu nichts.

Machen Zehn oder 614 Gebote
den Herrgott berechenbar?

Selbstbeherrschung : Wer beherrscht, bedient,
und der Letzte ist der Erste.

Auch der Weltuntergang dient nur
der Welteroberung.

Der Herr (an)erkennt nicht, dass er ein Ausbeuter
ist, der Knecht aber, dass er ein Ausgebeuteter ist.

Der Mensch beherrscht als Sklave Gottes die Welt
und dient als Satans Dom- und Kammerherr.

Wer nicht seiner Schwächen Herr wird,
wird Sklave seiner eigenen Macht.

Es herrscht keine Freiheit,
sondern Herren sind zu frei.

Der Herr kann sich kurzfassen, weil Kommandos
kurz sind; der Knecht muss sich kurzfassen, weil
er nichts zu sagen hat und nicht langweilen soll.

Knechte sind verhinderte Herren und Herren
verhütete Knechte, aber wer hindert wen?

Staatsdiener gehen vom Stillstand und Ruhestand
in den gutverdienenden Ruhestand.

Utopie : Arbeitssklaven, die Marx und Adorno lesen
und schriftlich kommentieren.

Als frei gilt nun der Sklave seiner Triebe, als unfrei,
wer seinem Gewissen folgt und sich beherrscht.

Du folgst stets nur deiner eigenen Natur, du Sklave?

Der Sklave kann das Licht anknipsen,
ohne etwas von Elektronen zu verstehen.

Linke suchen nun Sklaven durch unterhaltsame
Befreiungstheorien zu fesseln.

Der freie Mensch folgt sklavisch seinen Vorlieben,
der begabte seinen Naturtalenten.

Ein Herr macht sich dir geneigt,
ein Knecht gebückt.

Was du allein wahrnimmst, ist dein Interesse
– an dem deiner Herren.

Um nicht beherrscht zu werden, würdest du lieber
selber herrschen als Herrschaft abgeschafft wissen.

Kant wird Herr über alle Erscheinungen,
weil er Sklave der Dinge an sich bleibt,
aber wäre er Sklave der Erscheinungen,
wenn er Herr über das Ding an sich würde?

Seit Technik die Naturbeherrschung übernahm,
ward Kultur ein arbeitsloses Hobby.

Wer steuert meine freie Wahl stärker,
mein eigenes Hirn oder das meines Herrn?

Die sozialen „Apparate" beherrschen uns:
Sie geben mir beliebte technische Apparate,
um mich beliebige Dinge beherrschen zu lassen.

Wer eine vorherrschende Sprache beherrscht,
hat noch lange nichts zu sagen und kann noch
lange nicht mitreden.

Wir müssen Kulturtechniken beherrschen
lernen, um uns von kultivierten Menschen
beherrschen lassen zu können.

Es gibt kein herrenloses Gut mehr,
erst recht nicht unter Menschen.

Von den Herren der Welt befreit nur
ein Herrgott. Seit er totgesagt ist, reden
uns viel grausamere Herrschaften ein,
uns nur von Ihm befreit zu haben.

Der Schöpfer in der Natur? Wer sie beherrscht,
beherrscht nicht ihn.

Möchtegernherren sind Freiheitsnarren,
und Narrenfreiheit genießen nur Herrscher.

Wer lieber Herr auf dem letzten Stern
als Knecht im Mittelpunkt der Welt ist,
soll sich von *Kopernikus* gedemütigt fühlen?

"Es gibt keine absolute Wahrheit" über uns,
sagen die absoluten Herrscher.

Man ist gesellig, weil man ohne Knechte nicht leben
will, asozial, weil man mit Herren nicht leben will.

Diktatur meint Herrschaft über Sklaven, Demokratie meint Herrschaft über freie Menschen.

Knechte legen sich die Lasten auf,
Herren legen sich auf die Lasten.

Wer den HErrn nicht ehrt, ist seiner Herren wert.

Diktatur herrscht dort, wo die Polizisten
gefürchteter sind als die Verbrecher.

Ein Christ will lieber Sklave im Himmel
als Herr der Hölle sein.

Wer die Natur beherrscht, macht sie zunichte,
so dass er über nichts, also gar nicht herrscht.

Absolute Herrscher strafen
durch erteilte Absolutionen.

Demokratie keimt, wo der Mensch zerfällt
in neureiche Herren und geistreiche Knechte.

Schweigen (des Knechts) ist Gold (des Herrn).

Herren lieben lange Reden und kurze Kommandos.
Knechte sollen sich kurzfassen und doch nicht
in Bonmots reden.

Kann ein Knecht das Unrecht seines Herrn
je wiedergutmachen?

Der Mensch beherrscht wie jedes Tier die Natur,
indem er sich von seiner Naturbeherrschungsart
beherrschen lässt.

Herren predigen Sklavenmoral,
und Knechte tragen Herrenmode.

Wer sich einer Sache bedient,
beherrscht ihre Ursache.

Fortschritt herrscht, wo keiner
seinem eigenen Wachstum gewachsen ist.

Wer sich beherrschen kann, will zeigen,
dass er nicht beherrscht wird.

Ein Diktator ist ein Mensch, dessen Niederlage
nur möglich wird durch Niederwerfung des ganzen
Landes, das er beherrscht.

Ein Knecht des HErrn kann
kein Knecht der Herren sein.

1789 : Brüderlichkeit kennen nur ungleiche Sklaven.

Sklaven zünden nur noch ihre Zigaretten an
statt *ihre* Fabriken.

Gesellschaft ist Leidenschaft für Herrschaft
einer Mannschaft durch Seilschaft, Machenschaft
und Wissenschaft.

Hegel : Wer sich vor Herrschern bückt,
kann vom Grund und Boden der Tatsachen
alles dreifach aufheben.

Fern vom Herrscher irrt man, nah am Herrscher
lügt man, und ohne Herrscher sagt der Wahrhaftige
auch nicht viel Wahres.

Absolutistisch wird auch Herrschaft,
die alles relativiert.

Wer Menschen beherrscht, indem er ihnen dient,
ist noch kein Christ.

Die Maschine erhält nun vom Bediener,
was der Blaumann vom Kaufmann
und der Kaufmann vom Edelmann forderte.

Wer die Herrschaft ewigen Friedens will,
verewigt die Tyranneien.

Wer sich beherrscht und besiegt,
ist sich unterlegen und unterworfen.

Man bedient eine Maschine –
wie der Diener seinen Herrn.

Philosophen mussten in der Antike Sklavenhalter
und wollen in der Neuzeit nur Staatsdiener sein.

Soziale Marktwirtschaft : Lieber ein Automaten-
bediener am Band als ein Kammerdiener am Hofe.

Staatsdiener haben Formulare
auch für unsittliche Anträge.

Jeder Knecht findet seinen Knecht,
und ein Knecht ist, wer einen hat.

"Der Mensch ist das Maß aller Dinge."
Dann ist der Arbeitssklave ein Unmensch.

Früher konnten Leibeigene geistig frei bleiben,
heute müssen freie Bürger Arbeitssklaven sein,
die selber Sklaven halten.

Dass die Weltgeschichte eher Hochkulturen mit
Arbeitssklaven als jeden Sklaven mit friedlicher
Muße versorgt, scheint keinen Historiker wert.

Freie Menschen werden nicht mehr gehandelt
auf dem Sklavenmarkt, sondern
auf dem freien Arbeitsmarkt.

Der alte Grieche hatte Sklaven, damit er ruhig
philosophieren konnte. Der junge Europäer hat
Maschinen, damit er sie hektisch bedienen kann.

Ein Sklave seines Körpers will lieber krank
sündigen als gesund vegetieren.

Kleinbürger nennt sich der Edelsklave,
der sich zum Lohn Lohnsklaven halten darf.

Es ist das Ziel jeder Versklavung, sie unfühlbar
zu machen – Sklaven wie ihren Haltern.

Sozialneid, Gerechtigkeitssinn
oder Großmannssucht der kleinen Leute?

Ein Revolutionär ist ein Mensch,
der einen Konservativen ein Jahrhundert
vor dessen Geburt geachtet hätte.

Erst suchten wir das Brandneue in der Reformation.
Dann in der Revolution. Später in Reformen und
Resolutionen. Heute im Reformhaus.

Kulturrevolutionen wollen und sollen
nur *Sozialrevolutionen* verhüten.

Konservative wollen nur die herrschende Mobilität
erhalten, und Revolutionäre nennen rasche Verände-
rungen, die sie nur schwindlig machen, Schwindel.

Niemand ist so revolutionär, dass er schon jetzt die
Zeit herbeiwünscht, wo die Entdeckung revolutionär
sein wird, wieviel Gutes von heute vergessen wurde
über dem Besseren von morgen.

Wie revolutionär einer wirklich ist,
lässt sich in seinem Leben messen an der Zahl
der Sprichwörter, die er außer Kraft setzt.

Demokratien erlauben Revolutionäre,
doch Revolutionen keine Demokraten.

Gefördert wird allein die Revolutionierung
der Konservierungsmethoden und die Gedenkkultur
vergangener Gründungsrevolutionen.

Revolutionäre wollen nichts Neues, sondern
nur Urältestes, das über dem Alten verlorenging.

Revolutionen sind Klassentreffen, nach denen jeder
weiß, dass der Sitzenbleiber zum Generaldirektor
und der ehemalige Primus zum Penner wurde.

Revolutionen sollten nicht die Zehn Gebote
durch zehn Feuerbachthesen ersetzen.

Das Revolutionärste an dem gemeinen Volk ist sein
Traditionalismus, und das Reaktionäre an den Herr-
schenden war immer ihre fortschrittliche NeuGier.

Wer sich selbst ganz in der Gewalt hat,
hat die Revolution zu fürchten.

Revolution sollte mehr sein als Massenmord
von Millionen an Millionären.

Nur Reaktionäre wollen Revolutionen.
Sie wollen Reformen verhindern.

Eine misslungene Revolution schadet dem Armen
mehr als dem Reichen die gelungene.

Herren regieren nur auf unausdrücklichen Wunsch
ihrer Knechte, und Sklaven machen Revolutionen
nur auf ausdrücklichsten Wunsch schwacher
Herrscher.

Ist der Mensch die Krone der Schöpfung,
dann ist Tyrannei ein Aufstand
gegen die allgemeine Monarchie.

Revolutionärer Bruch mit der Tradition beständiger
Traditionsbrüche heißt je nach Kassenlage
konservativ, gesinnungstreu oder reaktionär.

Die Jungen stehen auf
(Aufrührer und Aufständischen).

Gentechnik : Demokratischer Aufstand
gegen DNA- und IQ-Adel?

Kritik und Revolte wurden fortgeschrittene Formen
der Überanpassung.

Revolution beginnt mit schreibenden Sklaven
und endet nicht mit fernsehenden *Shoppern*.

Revolutionen sind Reformfehler
und Kommunisten Underdogmatiker.

Ein Sozialist ist nun, wer aus dem Antikapitalismus
Kapital schlägt, und bliebe aktuell, wenn Arbeiter
sich das alles selbst ausgedacht hätten.

Maschinenstürmer. Kapitalismus und Sozialismus
scheiterten beim Versuch, das Proletariat mit der
Diktatur des Industrialismus zu versöhnen.

Revolution, Sozialismus u. a.
Wenn alle dagegen sind, muss etwas daran sein,
und wenn alle dafür sind, spricht zu viel dagegen.

Sozialismus kann mit den Produktionsmitteln
nur Staat machen.

Der Sozialismus 1968 war eine unverdiente
Erhebung von Bürgerkindern in den Proletenstand.

Sozialismus wird gebraucht,
um das Kapital zu stärken : Kehrt er jemals wieder,
dann unter kapitalistischer Maske.

Militärdiktatur. Vom sozialistischen Paradies
gab es immer nur die Schlange vorm Obstladen.

Der Sozialist ist ein Mensch, der sich verfolgt fühlt
durch die eigenen Interessen, die jeder Mensch
im kapitalistischen Liberalismus verfolgen darf.

Sozialismus ist Vernichtung des Menschen durch
Arbeit. Hauptsache, der ewige Arbeitsfriede wird
nicht gestört.

Gegen die Sozialisten waren wir Demokraten,
ohne sie sind wir nur Kapitalisten.

Kapitalismus ist gemeinnütziger Egoismus,
Sozialismus war eigennützige Selbstlosigkeit
und Mehrwertsteuerung ohne Mehrwertkomplex.

Wenn ich Staatsbeamter wäre,
wäre ich auch Sozialist gewesen.

Kapitalisten machen Geld flüssig,
Sozialisten überflüssig.

Kein Kapital hat so viele Sozialisten vernichtet
wie der Sozialismus.

Der beste Umweltschützer ist der Konsummuffel,
also Antikapitalist plus Antisozialist.

Auch die Bosheit der Dummköpfe
nennt sich revolutionäre Energie.

Der erste Revolutionär der Menschheit entriss
dem Pharao das Unsterblichkeitsprivileg.

Marx : Morgens jagen, mittags angeln und abends kritisieren, doch wer macht dafür Revolutionen?

Weicheierköpfe.
Revolutionäre Wende um 90 ° : Ausweichler.
Revolutionäre Wende um 180 ° : Entweichler.
Revolutionäre Wende um 360 ° : Aufweichler.

Revolutionen verändern eher die Vergangenheit.

Revolution ist nötig, damit alles anders wird als du.

Alle Revolutionen wollten und erreichten Befreiung von unrentableren Formen der Ausbeutung.

Mehrheiten machen Revolutionen,
(geschützte) Minderheiten verfälschen sie.

Ruhe genießt heute einen schlechteren Ruf als Ruhmsucht oder Revolution.

Eine neue Theorie ist ein Aufstand gegen gängige Praxis, die der Sklave einer alten Theorie ist.

Revolutionstheorie § 1 : BWL ist nicht VWL.

Popmusik, PKW und Fußball – unheilige Dreieinig-
keit, die keine Blasphemie duldet. Nur noch deren
Verbote führen im Westen zu Sozialrevolutionen.

Aufstände helfen dem Volk,
statt Ketten Illusionen zu verlieren.

Man hilft Bettlern, doch nicht beim Aufstand.

Ich war für Sozialismus, weil er verlieren musste.
Hätte er gewonnen, wäre ich Kapitalist geworden.

Die Kosten des Kapitalismus hindern,
jene Kosten des Industrialismus zu sehen,
die er mit Sozialismus teilt.

Im Sozialismus waren auch Eigenliebe,
Eigenlob und Eigenschaften volkseigen.

Der Sozialismus hatte wenigstens den Sinn,
seinen Gegnern den Sozialstaat aufzuzwingen.

Sozialismus? Gibt es nur ohne Sozialstaat.

Im Kommunisten bekämpfte man stets den Arbeiter und im Arbeiter den Maschinenstürmer.

Seit dem Ende des Christentums ist es schwerer und seit dem Ende des Sozialismus leichter geworden, arm und schwach zu sein.

Sozialismus mit einem Schuss Kapitalismus macht Diktatur erst rentabel; Kapitalismus mit einem Schuss Sozialismus macht Demokratie unrentabel.

Industrie wurde das Schicksal des Schicksals und das Kapital der Weltrevolutionär, der uns zu faulen Reaktionären macht.

Common sense. Lockes gemeiner Wille aller verhält sich zu *Rousseaus* Allgemeinwillen wie die Französische zur Russischen Revolution.

Herren predigen Sklavenmoral, Knechte tragen Herrenmoden, und Revolutionen heute sind misslungene Reaktionen auf missglückte Reaktionen.

Industrie wurde das Schicksal des Schicksals
und das Kapital der Weltrevolutionär,
der uns zu faulen Reaktionären macht.

Revolution : „*Exodus* aus dem Sklavenhaus"
oder Maschinensturm im Wasserglas?

Die Welt will lieber eine Revolte, die mehr als alles
will, als eine, die weniger als gar nichts will.

Fortschritt lässt sich nicht einmal mehr
durch Revolutionen aufhalten.

Man kann wählen zwischen zwei Revolutionen,
gegen die Diktatur des Überlegenen
oder der Mittelmäßigen.

Wirft man den Irren aus der Anstalt, wird er
nicht freier. Revolutionäre sind Freiheitsnarren,
und Narrenfreiheit genießen nur Herrscher.

Revolutionäre sind blutige Anfänger,
und epigonale Schlusslichter vollenden alles.

Die *Französische Revolution* erhob den Beamten
zum Edelmann, den Aristokraten zum Demokraten,
den Dienstmann zum Kaufmann, den Kaufmann
zum Plutokraten und den armen Sünder und armen
Teufel zum neureichen Protestanten,
aber den Armen nicht zum Geistreichen.

Es gibt zwei Abwege nach oben – den Aufstand des
Empörers und den Aufstieg des Emporkömmlings.

Wahre Revolutionäre würden
Gottes Jüngsten Gerichtshof restaurieren.

Klügste Revolution verfehlt durch überlegtes
Handeln, was dummdreiste Religion
im Handumdrehen durch Handauflegen erreicht.

Gib deinem Roboter viele Unterroboter
und er macht dir keinen Aufstand!

Lafayette. Die Französische Revolution köpfte einen
reformwilligen König, der Deutsche Reformation
und Amerikanische Revolution unterstützte.

Gerechtigkeit ist ein Aufstand gegen Naturtalente und Geburtsadel, nicht erst gegen deren Missbrauch.

Moderne Freiheit heißt, dass Verkehrsunfälle geglückte Aufstände sind gegen die Verkehrsregeln.

Früher hatte ein handfester Aufruhr noch eine gewisse Aussicht auf Gelingen. Diese historische Stunde ist längst vorbei. Die "verwaltete Welt" *(Max Horkheimer)* ist inzwischen fast lückenlos. Nur aufsässige Mittelstandskinder glauben es sich schuldig, noch eine Zeitlang nonchalant sich zu sträuben, bevor sie ihre Posten einnehmen. Und wo sind die "Maschinenstürmer" des frühen Industrialismus geblieben?

Der Mensch zwischen Humanismus
und Anthropologie
O Mensch im Trenchcoat auf der Ranchbench!

Der Mensch ist ein Chaos mit Knochengerüst
oder ein automobiler Stein.

Ein Mensch ist das,
was jedem zum Menschen noch fehlt.

Ein einzelner Mensch ist schon
eine Doppelbegabung.

Am meisten auf den Geist geht uns
an den Mitmenschen immer nur ihr Geist.

Gesellschaftlicher Fortschritt ist nur die Erklärung
der Übermenschenrechte.

Die meisten Menschen haben gar nicht
den bloßen Verstand, den sie verachten.

Menschenfresser vergiften ihre Opfer nicht.

Der Mensch stammt vom Affen ab, doch es heißt auch:
„Du sollst Vater und Mutter verlassen",
um erwachsen zu werden.

Wenn der Mensch wirklich vom Affen abstammte,
hätte er es weitergebracht als bis zum Arbeitstier.

Das beste Wundpflaster für einen Menschen
sind die Wunden seines Nächsten.

Die Welt ist zu klein für weniger Menschen.

Wer Menschen verletzt oder vernichtet,
hat es nicht geschafft, ihre Ideen zu widerlegen.

Krankheit ist die Gesundheit der Viren
und Mitmenschen in uns.

Ein Arbeiter ist der Mensch, der sich einer
Maschine bedient, die sich des Menschen bedient,
der sie bedient, um andere Menschen zu bedienen.

Natürlich ist am Menschen nur die Mordlust,
un(ter)natürlich nur die Religion.

Es werden Dinge schmutzig, wenn ein Mensch
sich reinigt, aber kein Ding wird sau-berer,
wenn ein Mensch verdreckt.

Wer sich umbringt, hat wenigstens
einen Menschen hinter sich.

Der Mensch, eine Erfindung der Anthropologen,
ist von Natur aus bestimmt nicht einmal darauf
festgelegt, sich auf nichts Bestimmtes festzulegen.

Der Mensch ist das Wesen, dessen Grenzen
Mittel der Selbstentfaltung sind, und umgekehrt.

Die Welt ist noch so schlecht, dass nur schlechte
Menschen gute Kunst und gute Menschen nur
schlechte Kunst machen.

Ein zivilisierter Rassist ist ein Mensch,
der Rassisten nicht riechen kann.

Menschen lassen sich auch danach einteilen,
ob sie morgens zur Arbeit gehen, weil sie Hunger
oder weil sie Depressionen haben.

Wenn der Mensch wenigstens ein *Imperpetuum
immobile* wäre — klagen Mobilmacher.

Ein Irrer ist auch nur ein Mensch,
der vor Fluchtgedanken in Gedankenflucht flieht.

Der Baum der Erkenntnis im Paradies
hängt voller Menschen.

Böse Menschen hoffen auf Sterblichkeit.

Die Menschheit ist nie schlechter als die besten
Menschen und nie besser als die größten Unmenschen
ihrer Zeit.

Wie viele Menschen müssen sterben,
weil sie nicht genug getötet haben!

Jeder freie Mensch stammt ab von seinen Zielen
und plant seine Herkunft.

Früher fragte der Mensch noch, was ihm der Mitmensch verbirgt. Heute fragt er sich nicht einmal,
was er sich selbst verbirgt.

Ein guter Mensch muss wollen können,
dass seine Kinder gegen ihn schlechter werden.

Wessen Phantasie reicht aus, sich in phantasielose
Menschen hineinzuversetzen?

Der moderne Mensch verkauft ein Linsengericht
für sein Wiedergeburtsrecht.

Jeder Mensch beißt einmal ins Gras,
das über seine Sache wächst.

Der Mensch überlebt es nicht, nur zu überleben.

Im Kopf hat der Mensch eine ganze Welt,
in der sein Kopf nur ein Knochen ist.

Jeder Mensch ist ein verkanntes Genie.
Nur leider kaum in seinen Werken.

Die Menschen bleiben genau die Kinder,
die sie nicht wollen : Du hast ein Kind
oder bist ein Kind oder das Kind deines Kindes.

Das große Ganze trennt Menschen so,
wie der *kleine Unterschied* sie verbindet.

Menschen pflanzen sich zurück
durch geschlechtliche Vereinigung zu Massen.

Niedriggeborenen gebühren gebührend
hohe Gebühren für Dienstleistungen,
die sie Hochgebürtigen erbringen dürfen.

Freud dachte hoch von den Menschen:
Sie halten ihre Versprecher.

Der Mensch war die Krone der Schöpfung,
bevor die Monarchie abgeschafft war, und ist nun
jenes Wesen, das sich seine Vernunftbegabung
selbst nicht glaubt.

Die Industrie ist eine Welt
voller Mietmenschlichkeit.

Alle Aufklärung ist sexuelle Aufklärung darüber,
wie Untermenschen gemacht und in die Unterwelt
gesetzt werden, um das Licht der Welt
und der Vernunft nie zu erblicken.

Ernährung. Abgebrühte Menschen sind die rohesten,
und verdorbene halten sich überall am längsten.

Der Mensch hat weniger Instinkt
als das Tier Intelligenz.

Wir versetzen uns gern in andere Menschen hinein.
Schließlich sehen wir uns gern mal von außen.

Die Menschen sind verschieden
(aber erst dienstgraduell) : anders oder tot.

Nach dem Tode lebt auch der Mensch
von heute wieder in der Grabsteinzeit.

Einst wird der Mensch abstammen
vom Arbeitstier und Stimmvieh.

Der Mensch hat wenigstens Phantasie genug,
sich phantasiebegabte Wesen auszudenken.

Menschliche Nähe genügt nicht.
Man muss sich auch treffen.

Wo Menschen leben, braucht es gar keinen
Humanismus, aber wo keine Anthropologen sind,
leben noch keine Menschen.

Umgängliche Menschen gehen gern miteinander um
— sich herum.

Der Mensch ist ganz bei sich nur,
wenn er aus sich herausgehen kann,
und geht ein oder gerät außer sich,
wenn er in sich gehen soll.

Gib dich nicht linkischer, als du menschlich bist.

Ein guter Mensch ist einer,
den andere für etwas besser halten würden,
wenn er etwas schlechter wäre.

Heute hilft der Mensch dem Menschen,
Schaf oder Wolf zu sein.

Dass die Menschen nicht glücklich werden
mit dem, was sie haben, beweist nicht ihre
Unersättlichkeit, sondern dass sie eigentlich
etwas ganz anderes wollen.

„Der Mensch ist ein gesellschaftliches Wesen",
sagen die Herdentiere.

Der Unmensch ist frei,
und wär´ er in Gold- und Etiketten geboren.

Erlege oder erliege : Der Mensch ist ein Jäger,
sagen die Jäger.

Der Blick auf Menschen wird verstellt
durch ihre Menschenwürde und umgekehrt.

Einst floh der Mensch vor seinesgleichen in die reine
Natur. Wohin flüchten, wenn er stets natürlicher lebt?

Laut Marx schafft jeder Mensch sich selbst —
seine Klassenfeinde.

Freud : Der Mensch ist, was er verg-isst.

Ist der Mensch die Krone der Schöpfung,
dann ist Tyrannei ein Aufstand
gegen die allgemeine Monarchie.

Genesis und Genetik : Menschen ziehen nicht einmal
am gleichen DNS-Strang.

Zu viele Menschen auf der Welt sagen,
es gebe zu viele Menschen auf der Welt.

Was meine Maschine noch nicht kann,
ist deshalb noch nicht menschlich an mir.

Wer kein Unter- und Übermensch ist,
ist deshalb noch kein Mensch.

Gottesbeweis : Die Menschen wachsen und mehren
sich noch immer.

Zu viele Menschen sind eingesperrt
in die Freiheit von allem Wissensballast.

So ist der Mensch:
Er liebt das Leben und macht Seitensprünge.

Am besten unterhalten uns Menschen, die wir
zu unterhalten verstehen — materiell wie geistig.

Im stillen Kämmerlein wird jeder Mensch
wieder ganz Herdentier.

Alle Mitmenschen der Welt haben eins gemeinsam:
sie sind nicht ich.

Seit der Vertreibung aus dem Paradies
vertreibt der Mensch Paradiese.

Heute sind mehr Menschen engagiert,
als es Rollen zu spielen gibt.

Die meisten Illusionen machen wir uns
über die der Mitmenschen.

Auch (Ab- und Zu-)Neigungen sind Gefahren
für den aufrechten Gang des Menschen.

Die meisten Menschen zwingen die Sachen,
Sachzwänge auf sie auszuüben.

Wer einen Menschen loswerden will,
trete ihm nur zu nahe.

Die Gesellschaft macht den Menschen zu dem,
der sie so macht, wie sie ist. Oder macht er sie so,
dass sie ihn zu dem macht, was er von Natur aus ist?

Jeder lebt in einer anderen Menschheit.

Der Mensch denkt sich aus, Gott lenkt ein.

Wer einen Menschen loswerden will,
trete ihm nur zu nahe.

Ein Humanist ist ein Mensch, der Gespräche von
Gläubigen mit ihrem Gott auch dann für sinnvoll
hält, wenn es Selbstgespräche sein sollten.

Immer mehr Menschen wollen,
dass immer weniger Menschen leben.

Der Mensch lebt nicht vom Brot allein,
auch der Bäcker und der Unmensch.
Nur am Kuchen stirbt er nun.

Der Mensch ist eher ein gehetztes Faultier
als ein gefangener Tiger.

Im Menschen wächst ein Engel über sich hinaus,
wo ein Tier hinter sich zurückfällt.

Der Mensch hat lieber einen Häuptling als Köpfchen
— sagen die Kopflosen.

Dem modernen Menschen ist einerseits selbst
ein einseitiges Buch noch viel zu vielseitig und
andererseits das Buch seiner eigenen Natur zu hoch.

Wenn es wenigstens noch Herren-, Un- und Übermenschenfresser gäbe!

Der Mensch vergeht mit der Zeit, mit der er geht.

Künste und Wissenschaften bereichern den ärmsten,
ihr Fehlen verarmt den reichsten Menschen.

Treue Menschen sucht man rastlos
von einem zum andern.

Fast jede Lebensgeschichte ist die Evolution
vom Menschenkind zum Hominiden.

Menschenrechte wurden rechte Juristenrechte.

Haben Wölfe, Schafe, Esel, Kamele, Rindviecher
und Schweinehunde alle Menschenrechte?

Auch der moderne Mensch geht in sich –
bis in seine Atomkerne.

Gutmenschen klagen, der Mensch sei nur so
schlecht wie die Welt. Schlechte Menschen sagen,
die Welt sei so schlecht wie der Mensch.

Humanistische Humanwissenschaftler
menscheln allzu menschlich.

Ist der Mensch das Maß aller Dinge,
kennt er bald keins mehr.

Alle Menschen sind gleich. Außer den großen.
Außer den guten. Alle Menschen sind gleich?
Immer die gleichen.

Als die zu gierigen Marsmenschen ausstarben,
hinterließen sie uns diesen toten roten Planeten.

Hat ein Menschenfreund überhaupt Freunde?

Menschenunkenntnis ist eher Menschenbekenntnis
als Unmenschenkenntnis.

Es gibt so viele Vernünfte und Verstände
wie Menschen.

Alle Menschen sind gleich
schlecht, aber auch im Bösesein.

Man ist nur gern der einzige Massenmensch
unter lauter Individualisten.

Alle Menschen sind gleich vorm Affen.

Hier sind gute Menschen, bessert sie!

Die menschliche Gesellschaft ist einfach
ein verdammter Mensch über dem andern.

Der *Garten Eden* ist eine menschenleere
Landschaft ohne Landwirtschaft.

Die einzige menschenmögliche Perfektion
der Welt gibt es in mathematischer Logik,
deren Grundlagen selber Paradoxien sind.

Gelungenem fehlt der Makel des Perfekten,
doch genügt es, Perfektes mit menschlichen
Mängeln zu verzieren?

Mensch, geh nicht unter − Leute!

Sobald die KI es lernt, netzneuronal selbst
zu lernen, wird sie, die alles selbst erfindet,
die letzte menschliche Erfindung gewesen sein
und sich uns als Pausenclowns halten.

Menschen sind stets im Gespräch −
von Gott und Satan wie übereinander.

Wo Maschinen mehr (weniger) erzeugen,
da zeugen Menschen weniger (mehr).

Das Grundrecht auf Unkreativität ist unantastbar,
die Kreativität des Menschen ist unantastbar
verborgen.

Irren ist menschlich. Dann ist Wahrheit
mit Nietzsche als unmenschlich zu bekämpfen.

Hexenprozesse blühten erst nach dem finsteren
Mittelalter, in der humanistischen Renaissance.

Effizienzzwang, nicht Humanität,
befreite die Sklaven.

Human(istisch) ist, dass der Mensch
sich nicht ändern will und lässt.

Evolution : Stammt der Mensch ab vom Teufel,
der den Ewigen nachäffte?

Massen sind dümmer als Menschen
und Gemeinschaften gemeiner.

Der Ewige schreibt Weltgeschichte
als Biographie der Menschheit.

Vernünftig werden die meisten Menschen
nur aus völlig verrückten Motiven.

Man kämpft für die *Menschenrechte*
auf Widerstand gegen Gottes Gesetz.

Der Klatsch über Mitmenschen
macht sie genießbarer.

Man lernt einen Menschen,
d. h. seine Fremdheit gut kennen.

Die Würde des Menschen wird angetastet
bei Geburt und Tod. Von wem?

Gelernt hat der Mensch nur, er sei lernfähig.

Erst fand der Mensch die Welt erträglicher
und einträglicher als ein Fertigprodukt Gottes
und später als ein Rohstoff eigener Arbeit.

Seit Kant steht der Mensch ganz
unter dem Eindruck, den er auf alle Dinge macht.

Das Tier, zu dem der Mensch sich machen kann,
ist ein anderes als das von Gott erschaffene.

Den Menschen ist es misslungen,
sesshafte Häuslichkeit, Auto und Fernseher,
Gen-Labor und Internet nicht zu erfinden.

Den Menschen vom Menschen her zu verstehen,
macht unmenschlich.

Ein Mensch ist jenes Teilchen,
welches das große Ganze,
von dem es umschlossen wird, ganz enthält.

Laut *Heidegger* ist ein Mensch so wenig in der Welt
wie die Welt im Menschen, sondern sein „In-der-
Weltsein" ist ganz in ihm, aber das Weltsein-im-
Menschen ist nie in der Welt und von dieser Welt.

Leider können mehr gemeinere Menschen mehr
als ich und mehr bessere Menschen weniger als ich.

Ein besserer Mensch hat ein schlechtes Gewissen,
sobald er ein gutes hat.

Der Mensch, das Wesen, das Objekt seiner Objekte
wird, macht auch, was nicht (un)menschgemacht ist.

Die meisten Menschen sind eher beeindruckt
von ihrer Ähnlichkeit mit den Menschenaffen.
Außer jenen Menschen, die besser als die Affen
schreiben, malen oder komponieren können.

Wer Gen(i)e sagt, züchtet Menschen.

Gewöhnliche Sterbliche leben ebenso oft
über ihre Verhältnisse wie außerordentliche Leute
unter ihrem Niveau.

Der Mensch macht sich zum Affen, um zu beweisen,
dass er nicht von ihm abstammt.

Lag die Würde der Menschen
in ihrer gegenseitigen Entwürdigungskraft?

Ein unabhängiger Mensch reißt sich
aus dem Zusammenhang zusammen.

Einst hieß der Mensch unvernünftig,
nun heißt es vernünftig, dass er es ist.

Der Wolf hütet die Schafe vor dem Menschen.

Am ältesten werden Menschen,
die ihre Pubertät nie erreichen.

Fortschritt heißt : Alle Menschen
werden Big Brothers.

Je mehr *der* Mensch kann und weiß,
desto weniger kann *jeder*mann.

Der Mensch unterscheidet sich von Tieren
durch Verfehlungen wie Befehle und von Robotern
durch fehlende Fehler.

Perplexistenzialismus 2000 :
Der Mensch ist *zur Freiheit verdummt.*

Irren ist menschlich :
Menschlichkeit irrt herum oder ist irre.

Nicht deine Stärken bringen dich
mir menschlich näher.

Die Menschen kennt, wer sich keinen ansieht
und anhört.

Wer zu ihnen geht, kommt unter Menschen.

Die Gesellschaft ist nur das Gesellenstück
des Menschen.

Statistiken erzeugen den idealen
Durchschnittsmenschen, der sie erhebt.

Der Mensch ist von Natur aus gut.
Wenigstens im Lügen und Betrügen.

Leben zu viele Menschen? Zu wenige,
um die zu übertönen, die das sagen.

Sprache? Der Mensch ist ein Maulheld,
der vom Maulaffen abstammt.

Immer spielt man einen Menschen,
der den Menschen nicht nur spielt.

Viele Menschen arbeiten am aufrechten Müßiggang,
knien sich hinein in aufrechten Kirchgang
oder vergehen sich am aufrechten Untergang.

Nur ein Mensch kann Affe, Schwein, Esel, Wolf
und Schaf werden, und das auch noch zugleich.

Bessere Menschen sind unbrauchbarer,
nützliche schlechter.

Um ein besserer Mensch zu sein,
genügt es kaum, sich schlecht zu fühlen.

Menschenliebe ist eifersüchtig auf alle,
die sich und einander lieben.

Was macht der Mensch nicht alles mit der Welt
(mit)?

Der Mensch ist ein Wettkampf mit der Zeit,
wer wen totschlägt.

In jedem Menschen steckt alles,
was er in andere steckt.

Demokratie *erklärt* (uns) die Menschenrechte
auf soziale Ungerechtigkeit statt den Krieg.

Was ist der Mensch? Er ist der Einzige,
der mal so fragt und zu viele Antworten hat.

Kommt er daheim nicht zurecht, fliegt der Mensch
hinterm Mond zum *Mann im Mond.*

Human bleibt nur Literatur der Unmenschlichkeiten.

Auch der Irrtum, Irren sei menschlich,
ist irre human.

Humanität : Brutalität light.
Bestialität : Humanität light.

Menschlich bist du, human sollst du sein,
Humor hast du, und Humus wirst du.

Fortschritt ist der aufrechte Gang der Dinge
und der waagerechte Wolfgang des Menschen.

Die Erde ist nie von Menschen übervölkert,
sondern immer von Bakterien,
Unmenschen und Undingen.

Der freie Mensch folgt sklavisch seinen Vorlieben,
der begabte seinen Naturtalenten.

Der Mensch hat und ist auf Sand gebaut, in den er
den Kopf steckt oder den er in die Triebe wirft.

Hat das Tier auch eine Seele, fühlt der Mensch
mindestens *zwei Seelen, ach, in seiner Hemdbrust.*

Es ist nicht gut, dass ein Mensch allein sei
mit anderen.

Der Mensch denkt, der Unmensch lenkt.

Ein ausgeglichener Mensch hat so viel Lebensangst
wie Todesangst.

Der Mensch beherrscht als Sklave Gottes die Welt
und dient als Satans Dom- und Kammerherr.

Wer vom Menschen den Körper abzieht,
behält keinen Geist übrig, und wer die Seele abzieht,
keinen Leib.

Jeder tut seit Darwin alles Affenmögliche, um ein
Mensch zu sein, der sich nicht zum Affen macht.

Ein Mensch ist so frei wie sein Fall und sein Vogel.

„Der Mensch" verwischt nicht nur
den *kleinen Unterschied.*

Menschenrechte bedeuten Bürgerkrieg.

Die Evolutionstheorie lässt sich nicht korrigieren
von Menschen, die nur von ihr aus gesehen werden.

Auch ein *Kant* rechnete mit Menschen: Sein Verstand integriert, was seine Sinne differenzieren.

Dass jeder Mensch sterblich ist, scheint unsterblich.

Ein Mensch vereinigt in sich meist nur die Weisheit
des Babys mit der Rosigkeit des Greises.

Es irrt der Mensch, so lang er lebt,
darüber, was Irrtum und irre ist.

Arbeitstiere sind die zahmsten Haustiere
der Menschenzüchter.

Die Dinge behaupten sich gegen unsere Behaup-
tungen wie Menschen gegen Enthauptungen.

Du bist hier unter Menschen oder „Untermensch".

Tötet der Mensch auch, um sein Sterben zu üben?

Menschenspringfluten in den Hütten
sind Menschensintfluten gegen Paläste.

Was einst die Zeit tat, tut nun der Mensch:
sich und alles verändern.

Welcher Mensch ist nur ein arithmetisches Mittel
aus Übermensch und Untermensch?

Der Mensch ist mehr als das Tier durch die Erkenntnis,
nicht viel mehr zu sein.

Menschenfischer fangen mit sozialen Netzen (auf).

Ideen müssen sich vor keinem Menschen verantworten, der sich vor ihnen zu verantworten hat.

Als der mittelalterliche Mensch noch im Mittelpunkt des Alls stand, sah er sich als ein Nichts
vor seinem Schöpfer. Seit er sich nur noch
als Staubkorn im Unendlichen weiß,
fühlt er sich aber als Herr der Natur.

Die Welt ging noch nie ganz unter:
Vergingen sich zu wenige Menschen?

Als der Affe Mensch geworden,
ward der Mensch zum Untier.

Die meisten Menschen sind so selten glücklich
wie die *happy few* moralisch.

Der Mensch braucht die Sprache,
die Menschheit braucht die Schrift.

Ein perfekter Mensch ist unvollkommen,
ein schwacher ohne Schwächen.

Wer zu nichts gut ist, gilt schon als guter Mensch,
wenn ihm nicht so gut ist.

Der Mensch stammt ab vom Affen,
der Unmensch vom Schweinehund,
der Mitmensch vom Goldhamster.

Der Mensch bedroht viel größere Tiere
und wird von viel kleineren bedroht.

Nur Menschen können sprechen, nur sie können
ihre Gedankenlosigkeit nicht verbergen.

Entweder ist der Herr ein Mensch und sein Knecht
ein Vieh oder der Sklave ein Mensch und sein Boss
ein Gott.

Die Würde des Übermenschen ist eine Bürde
für den Menschen.

Der fortschrittliche Mensch wird immer toleranter.
Andere interessieren ihn immer weniger.

Massenveranstaltungen : Menschenverunstaltungen.

Meine Menschenwürde kriegt der,
dem ich sie raube.

Maschinen tun nicht nur Menschenunmögliches,
sondern schon Unmenschenmögliches.

Du bist kein Mensch;
du tust weder Gutes noch Böses.

Die wachsende Mitmenschlichkeit bedroht jeden.

Und wie viele Menschen kennen Menschenkenner?

Im Westen leben nun freie Menschen,
d.h. orient(ierungs)lose.

Die Hälfte der Menschheit lebt schon in provin-
ziellen Mega-Cities und lässt die Kultur im Dorf.

Arbeitet zum Wohle der Menschheit,
der dabei wohl nicht ganz wohl ist!

Gott sieht alles, der Mensch nur schwarz-rosa.

Der Mensch ist das „vernunftbegabte Tier", heißt es,
aber ist die Vernunft auch menschenbegabt?

Jeder Mensch genießt die Würde dessen,
was er gern sein würde.

Menschenrechte werden verbindlich,
wo Bande zwischen Menschen reißen.

Der Mensch ist heute so gut,
dass er keinem Flugzeug etwas zuleide tun kann.

Der Mensch ist jenes Versuch(ung)stier,
das unfähig ist zum Unvermögen und Unwillen.

Humanismus und Humanwissenschaften waren
mit Erfolg mal Hilfsdisziplinen der Metaphysik.

Humanismus ist Auflehnung gegen gute Gesellschaft, gutes Christentum Ablehnung der Welt.

Mutter Natur ist so wenig humanistisch
wie der Mensch physikalisch zu verstehen.

Es gibt böse Mittel, den Menschen zum Selbstzweck
zu machen, und humane Mittel,
ihn nützlich zu machen.

Schluss mit der Arbeitslosigkeit:
Ersetzt Arbeitszeit durch bezahlte Freizeit
oder Maschinen wieder durch Menschen!

Entweder wird die Welt politisch
oder der Mensch genetisch verändert.

Der Mensch ist oft klug genug,
sich von seiner Dummheit besiegt zu sehen.

Wer Menschen beherrscht, indem er ihnen dient,
ist noch kein Christ.

Der Mensch hat ein tiefes Bedürfnis nach Dingen,
die kein menschliches Bedürfnis befriedigen.

Ein Mensch verlässt den Schoß seiner Mutter,
bevor er als fertiges Tier geboren würde,
und sollte den Schoß der Gesellschaft verlassen,
bevor er ein fertiges Arbeitstier
(Lastesel und Zustimmvieh) geworden ist.

Menschen sollten ihre Erforschung so nehmen
wie Frauen den Sexualkundler: die Erregung,
die sie spüren, ist nicht messbar,
und die gemessen wird, fühlen sie nicht.

Die meisten Menschen müssten unsterblich sein.
Wer hat schon einen Geist, den er aufgeben könnte?

Erstmals erfahren nun Physiker von unbelebter
Natur mehr als Geisteswissenschaftler
von menschlicher Natur.

Gegen allgemeine Menschenrechte spricht,
dass gemeine Privilegierte richtig dafür sind.

Gute Menschen mit bösen Ideen
verdrängen schlechte Leute mit guten Ideen.

Menschen schildern heißt,
sie hinter Schilde oder Schilder zu stellen.

Es gehört sich nicht, dass Menschen
zu denen gehören, denen sie gehören
oder die ihnen gehören (und gehorchen).

Berechnende Logik menschlicher Beziehungen
ist nicht Psychologie mathematischer Relationen.

Die Wahrheit ist heute, dass er versuchen soll,
sie nicht lange oder lange nicht zu suchen.

Das Wohl der Menschheit ist eine große Sache,
passt aber auf jede Zunge.

Seit es keine menschliche Idee mehr gibt
von etwas, das mehr ist als jede menschliche Idee,
gibt es auch keine Idee vom Menschen mehr.

Menschen müssen verschieden genug sein,
um Regeln zu folgen, und so gleich sein,
dass sie Ausnahmen bilden können.

Mit den Eigenschaften, die wir am Menschen
gern sähen, und ohne die Eigenschaften,
die wir an ihm am meisten verachten,
würde es ihn gar nicht mehr geben.

Der Mensch ist jenes Lebewesen,
das seine Bedürfnisse befriedigt,
weil es seine Wünsche nicht erfüllen kann.

Menschen verhalten sich zu Tieren wie plastische
Stammzellen zu reifen Nervenzellen.

Um das Wesen der Welt zu erkunden,
reicht weniger als ein Menschenalter aus;
um die Welt selbst zu erkunden,
reicht kaum das Lebensalter der Menschheit.

Was dem Menschen heute alles glückt,
erweist sich am Ende als Schweinerei.

Wer stark genug ist, Mitmenschen zu überwältigen,
ist oft zu schwach, um sich von Gefühlen
und Kunstwerken überwältigen zu lassen.

"Alle Menschen sind gleich"e
Ausnahmen von derselben Regel.

Wenn alle Menschen Brüder würden,
gäbe es auf Erden nur noch die Hälfte.

Ein geistiger Mensch begeistert sich für
den Schöpfer, der ganz Geist ist, und will die
Schöpfung eher verherrlichen als beherrschen.

Geld öffnet alle Türen –
zu menschenleeren Räumen.

Das einzig Gute im Menschen ist ein Buch
oder sein schlechtes Gewissen – gewesen.

Der gute Mensch macht nicht alles allein.
Er lässt auch andere ihren Beitrag leisten.

Jeder genießt das unverbrüchliche Menschenrecht,
sich vor beliebig vielen Leuten
durch nichts auszuzeichnen.

Die unverwechselbare Individualität der Tiere
füreinander ist nicht weiter ausgeprägt
als die solidarische Gleichheit der Menschen.

Auslöschen muss man weniger Menschen
als manche Erinnerung an sie.

Achtzig Jahre braucht der Mensch unserer Breiten
heute, um trotz aller Bemühungen nichts Nennens-
wertes zustande zu bringen. Früher reichten dafür
auch dreißig Jahre.

Bürger : sesshafter Mensch, der den überlebt,
der wirklich gelebt hat.

Menschenwürde würde auch der Unmensch
beanspruchen dürfen.

Wir müssen Kulturtechniken beherrschen
lernen, um uns von kultivierten Menschen
beherrschen lassen zu können.

Schiller 2000. Der nützliche Arbeitssklave
aller Länder ist nur dort ganz Mensch,
wo er mit nutzlosen Geistesglasperlen spielt.

Es gibt viele Menschen, denen etwas unter
die Haut geht wie unter den Teppich gekehrt.

Ein Menschenfreund ist ein Mensch,
der sogar um eigene Ellbogen
einen ellenweiten Bogen machen kann.

Dass Gott von Menschen abstammt,
stammt von Darwinisten ab; dass der Mensch
von Gottvater abstammt, stammt nicht von Affen.

Gibt der Hirntod den Maßstab,
leben auf der Welt gar nicht zu viele Menschen.

Affen können zeigen und schreien, arbeiten
und kommunizieren, Menschen könnten lesen
und schreiben, musizieren und malen.

Als gleich gelten uns immer nur die Menschen,
die uns oder denen wir gleichgültig bleiben.

Werde ein besserer Mensch, und sei es,
um Rivalen auszustechen.

Der Mensch war nie Selbstzweck,
sondern stets Werkzeug des Unmenschen.

Seit *Darwin* stammen Unmenschen
von Menschen ab, die von Untieren abstammen.

Wollen Menschen auf den Mond,
weil auf Erden ihre Schuld schwerer wiegt?

Wer eine Menschenwürde hat,
kann sie niemandem geraubt haben.

Jedes Menschenkind muss hindurchsteuern
zwischen Scylla und Charybdis, Pflichten
und Rechten, gut und böse, wahr und falsch.

Können denn Menschen, die Schweine sind,
auch vom Affen abstammen und Menschen,
die Esel sind, von Kamelen?

Menschenaffen könnten sich höherentwickeln,
wenn sie sich mit Menschen paarten.
Dazu zeigen sie wenig Neigung.

Sobald Astronauten zum Mars geflogen sind,
gibt es Marsmenschen.

Alle Menschen sind wie Brüder –
wie die jüngeren zum ältesten.

Kann man nur leben *mit* Menschen,
ohne die man leben kann?

Der Mensch wird aus seinem Kopf nicht klug:
Erst ist er zu jung, um dumm zu sein,
und später zu alt, um weise zu sein.

Nur der Mensch will ewig leben
und täglich die Zeit totschlagen.

Zu viele Menschen haben nur etwas von dem,
was sie nicht haben.

Lieben heißt an einem Menschen hängen –
wie an einem seidenen Faden.

Ein gefesselter Mensch bietet vielen
einen fesselnden Anblick.

Der Mensch ist ein aktives Wesen –
auf rastloser Suche nach immer neuen Formen
der Ruhe und Muße.

Die Menschheit ist so alt, dass alle irdischen
Rohstoffe wohl Ruinen sein müssen.

Mitmenschen gibt es, damit jeder weiß,
ob er Tränen lachen oder weinen soll.

Gute Leute missfallen meist. Sie erinnern uns nur
daran, dass wir keine sind.

Unding an sich. Was meint "Gott" anderes als
den menschlichen Begriff von einem objektiven
Jenseits aller menschlichen Begriffe?

Der originelle Künstler verändert durch
seine Existenz die Definition des Menschen.

Wer mit Menschen umgehen will,
muss sie umgehen.

Menschen würden ihrer *Menschenwürde*
würdiger werden wollen.

Psychologen und Soziologen erklären Menschen
zwischen zwei Geschichtsepochen.

Wer Menschen vergöttert,
vermenschlicht den Teufel.

Der moderne Mensch hat keinen *freien* Willen.
Dieser Spielball seiner Launen hat nicht einmal
einen guten und *festen* Willen.

Man lässt Menschen und Autos warten.

Wer in jedem möglichen Massenmörder vor allem
den Menschen sieht, sieht irgendwann in jedem
Menschen den möglichen Massenmörder.

Die Würde des Menschen gipfelte
in Ausbeutungs- und Kreditwürdigkeit.

Jeder ist stolz auf seine Menschenwürde,
seit er seine Gotteskindschaft infantil heißt.

Der feinste Stoff ist noch nicht der gröbste
Geist und der größte Mensch noch nicht
der kleinste Gott.

Um menschlich zu sein, darf man eher tierisch
als göttlich sein und nicht an sich
und den Menschen glauben.

Um viele Menschen zu verstehen,
genügt die Statistik.

Ein Gorilla ohne Instinkt ist kein Mensch mit Ideen,
und ein Mensch mit Unterleib kein Affe
mit Überzeugungen.

Man kann gut auskommen entweder mit Geld
oder mit Menschen.

Menschen unterscheiden sich sehr,
wenigstens von dem, der sie liebt oder ausbeutet.

Ein unersetzlicher Mensch
kann auch keinen anderen ersetzen.

Der Mensch beherrscht wie jedes Tier die Natur,
indem er sich von seiner Naturbeherrschungsart
beherrschen lässt.

Nie sind zwei Leute so verschieden wie Affe
und Mensch, nie so gleich wie Affe und Affe.

Der Mensch macht keine Natur- und Sittengesetze,
Mutter Natur keine Straf- und Sozialgesetze.

Fast jeder Mensch denkt besser
von sich als vom Menschen.

Menschen (er)kennen und anerkennen
ist meist erkennbar unvereinbar.

Einst gaben sich menschliche Raubtiere gern als harmlose Haustiere. Heute fühlen sich menschliche Schoßtiere geschmeichelt, nennt man sie geheime Raubtiere.

Bis heute haben alle Hochkulturen den Menschen ans Lebensziel lebenslanger zweckfremder Lebensmittelbeschaffungsmaßnahmen gekettet.

Von innen und außen: Der Mensch zerfällt in das, wie er sich vor anderen fühlt, und das, wie er sich für andere anfühlt.

Utopisch wäre schon die Erkenntnis, dass die ganze Weltgeschichte als ewiger Kampf um Materielles menschenunwürdig albern war.

Die Menschheit hat immer nur teuerste Mittel für billigste Zwecke gebilligt.

Wer *über* Menschen nachdenkt, will *mit* ihnen handeln.

Der gute Mensch ist böse –
auf sich, weil er nicht besser ist.

Was Gott und Welt und Mensch verbindet,
ist kein Begriff, sondern ein Witz bei der Ursache.

Erst wollten wir Maschinen entwickeln,
die wie Menschen denken, dabei entwickelten wir
Menschen, die miteinander rechnen wie Computer.

Ein Mensch braucht viele Meinungen,
um sich nicht zu wiederholen, doch eine Meinung
nicht viele Menschen, die sie wiederholen.

Schlechtere Menschen sind bekannt
als die besseren Menschenkenner.

Wer uns mit Darwin für Ex-Affen hält,
hält es für leichter, ein glückliches Tier
als ein geglückter Mensch zu sein.

Das Wissen der Menschheit verdoppelt sich
in jedem Jahrzehnt. Mein Unwissen auch.

Teilen tausend Menschen eine Meinung,
bleibt für keinen viel übrig.

Die Kultur erhebt Affen zu Übermenschen,
die Wissenschaft Unmenschen zu Affen.

Einst wurde Pflichttreue, nun werden Menschenrechte vorgetäuscht.

In der Gesellschaft gilt für jeden das gleiche
Menschenrecht, dass sie ihm gleichgültig bleibt.

Es gibt massive *Massen*menschen,
aber keine *Menschen*massen.

Hegelianische Meditationen :
Apart und exzentrisch

Psalm 2. Der Ewige spottet allen Spöttern
und jeder Beschreibung,

Einen Politiker nicht zu wählen,
ist noch kein Grund, sich für besser zu halten.

Lieber nichts sagen als Nichtssagendes.

Aphoristische *Nanto-Koans* schreiben :
Ver*schütt*etes ausgraben wider *cancel culture.*

Wenn ich mal viel älter bin,
war ich mal viel jünger.

Entweder ist er oder sein Recht verletzt.

Mancher hasst Schlechtes mehr,
als Gutes zu lieben.

Zu träg zur Revolte, zu zornig zur Reform?

Ich liebe den Wald und hasse die Äste
und liebe mehr Menschen als den Menschen.

Dichter spielen um den Ernst des Lebens, um
dich in Ernsthaft zu nehmen. Denker machen
Ernst, um Kinderspielräume zu erfinden.

Abwechslung erfreut, Verwechslung erbost.

Willenlosigkeit heißt nicht, unendlich Vieles zu
wollen außer einer einzigen unbekannten Sache.

Wer zum unwandelbaren Ideal erhebt,
sein Ideal jederzeit ändern zu können,
und deshalb auf der Stelle tritt,
der sich Fortschritt nennt, nennt sich Realist.

Können wir die menschliche Tragödie nur als
Göttliche Komödie ertragen oder umgekehrt?

Mathematik ist die einzige Geisteswissenschaft,
ohne die keine Naturwissenschaft auskommt,
und Logik die einzige Unnaturwissenschaft,
ohne die jede Geisteswissenschaft auskommt.

Wie du deine Spuren verwischst, hinterlässt
jene, die du verwischst, indem du sie betonst.

Kunst wird hässlich, seit sie ihre Kunden hasst.

Der Mensch ist, wie ihr wisst, was er (ver)misst,
die Fahne, die er hisst und auf sie pisst dann.

Noch das längste Leben ist zu kurz,
noch das kürzeste langweilt (sich) oft.

Sind Kinder schöpferisch, rufen sie nach immer
mehr vom Gleichen, Erwachsene nach Neuem.

Bewusstsein ist der Kosmetikspiegel des
Kosmos, vom Atem immer etwas beschlagen.

Wer reden will, ohne dass man ihm dauernd
ins Wort fällt, wird Schriftsteller.

Kopf hoch : Die tieferen Gedanken sind ja weg!

Spiritualität ist die Ungeduld, schon vorm Tode
etwas vom Jenseits zu erfahren.

Der Tropf hat nicht den Verstand, den der Kopf
nur selten benutzt, um zu erkennen, was sich
von seinen sieben Sachen mit den sechs Sinnen
nicht erkennen lässt.

Aphoristik ist das System aller Systemlücken
für ungebetene Überraschungsgäste.

Man hat heute in den Adern nicht mehr genug
Feuer, um die Hölle fürchten zu dürfen, und
nicht genug Moral, seine Siege wettzumachen.

Ist es böse, dass es Böses gibt, oder nur gut,
dass es Gutes geben sollte?

„Es ist allerdings unverzeihlich von Goethe, den unmora-
lischen Faust zum Helden zu machen und nicht den ersten
Wirklichkeitsphilosophen (Famulus) Wagner." *(K. Marx)*

Man mag Menschen, da man sie nicht kennt,
und liebt sich selbst, obwohl man sich kennt.

„Die Wissenschaft verjüngt die Seele und
mindert die Bitterkeit des Alters" *(L. da Vinci,*
als seine Wissenschaft selbst noch jung war.)

Qui te creavit sine te, salvabit sine te. Wer Gutes schlecht tut, (dem) tut Böses noch nicht gut.

Die Fahrt zum Mond hat sich gelohnt für den
Mann im Mond hinterm Mond wie gewohnt:
Es lohnt nicht, ihn zu (be)suchen, weiß er jetzt.

Maler malen Ideen in Orchideen, machen aus
Tintenblau einen Himmel und Unsichtbares
durchsichtig. Er macht sich kein blaues Bild
vom Himmel, sondern einen blauen Himmel
vom Bild.

Je kürzer der Spruch,
desto dicker das Spruchbuch.

Kos´Moos. Forscher sehen das Atom im Kosmos, Künstler das kosmetische All im Nichts.

Kunst ist die Kunst, oft verrissen
statt übersehen zu werden.

Literatur : Not im Notizbuch.
Musik : Notenschlüssel zur Not.

Bücher sind meist zu lang, um Kunst zu sein,
und schnell finden ist besser als lang fahnden.

Kunst ist Selbstverständlichkeit
des Unverständlichen und Missverständlichkeit
des Allgemeinverständlichen.

Der Künstler macht seine Kunden
zu ihren Musen, nicht zu seinen.

Moderne Kunst ward abstrakt wie die Welt.

Zivilisieren : Vorkultivierte Natur verwüsten.

Bist du mir böser, weil ich zu böse
oder zu gut bin?

Expressionist : *O Mensch* als Henchman
im Trenchcoat auf der Ranchbench!

Löwe entwirft Gedankengebäude, und eine
Schützin erlebt ihren Lebenssinn darin, die
erfinderische Architektin dieser Luftschlösser
zu spielen, in denen dann beide wohnen
wie in einem trauten Nestheim, und
wenn nicht einer von ihnen gestorben ist ...

Jeder erfindet sich und sein Leben selbst,
doch nur, um schlussendlich zu entdecken,
dass er durch all diese immer neuen Selbst-
erfindungen hindurch nur einen vom Himmel
Erfundenen aufgefunden hat.

Herrschaft: ständiger Aufstand gegen Aufstand.

Der aphoristische Graswurzelzwerg schöpft aus
der Welt Worte und aus Worten zweite Welten
zugleich : Denklehrer und Denkschüler,
Dichter und Denker und weder Dichter noch
Denker zugleich, Selbstschöpfung ohne Welt-
mord statt Selbstmord.

Deine Kreationen sollen die Schöpfung weder
verbessern noch vernichten à la *Mallarmé,* sondern
dich in ihr behaupten und be(s)tätigen als eigene
notwendige Kreaturen eines zufälligen Geschöpfs.

Schießt Warnschüsse nicht in den Wind, doch
Pan(ik)alarmismus verhütet nur, was er will.

„I´ll find my way home" vom Altersheim
in den Himmel statt ins Eigenheim zurück?

Das ist der Lebenslauf der Welt : Wer stehen
bleibt, fällt und liegt bald; wer geht und läuft,
vergeht nicht gleich, und wer denkt, niemals.

Leben heißt die Fremdsprache erlernen, in der
die versiegelte Ordre des diskreten Schöpfers
geschrieben ist, die Er jedem in die Wiege legt,
ein individuelles Gesetz, das nur er erfüllen soll
durch alle künftigen Widrigkeiten und freien
Lebensentscheidungen hindurch, bis am
Lebensende vielleicht den vorbestimmten
Lebensplan gerade durch seine freien Wahlen
hindurch sich ihm schritt-weise enthüllt, die
Land- oder Sternkarte, in die sich alle Lebens-
etappen einzeichnen zum „Buch des Lebens" …

Einen blinden Hund kann kein verblendeter
Blinder zu einem Blindenhund machen.

Mancher stirbt mit dem Kinderglauben,
den er als Kind nie hatte.

Nach dem Tod deines *Lebenselixiers,*
das in der Erinnerung zugleich weg und da ist,
bist du weder tot noch lebendig mehr.
Untote funktionieren noch.

Liebe. Ich werde nie wieder so lebendig sein
wie zu deiner Lebenszeit, konnte dich aber
eher im als dann am Leben halten.

Wir zieren uns nicht mehr, in Neugier, Gier
und Bier die Zier nicht nur vom Tier zu sehen.

Selbstkritik und Selbsterkenntnis macht jeden
schon zum Zwillingspaar seiner selbst.

Schönes ist betörend schön, wo es zu hässlichen
Narren uns macht. *Erasmus von Rotterdam*
schrieb 1509 ein betörendes "Lob der Torheit".

Eine Wassermelone schmeckt am besten
mit schwarzer Melone auf dem Wasserkopf.

Für Greise ist Literatur noch zu viel junges
Leben und mathematische Logik schon zu
viel ewiger Tod. Zwischen bunten Bildern
des kühnen Willens und bleichen Begriffen
des kühlen Wissens liegen noch *Aphorismen*.

Die Kalkschicht im Greisenkopf bildet
die Lebensgeschicht´ ohne Moral.

Gustav Schwab 1926. Das Leben als Ritt über
den gefrorenen Seelenboden und mit jedem
Schritt über Abgründe hinwegge(sc)hoben.

Menschen großziehen heißt sie kleinstoßen.

Menschen spinnen gern – sich und andere ein.

Sekundärliteratur zum Aphorismus

Gerhard Neumann (Hg.): „Der Aphorismus.
Zur Geschichte, zu den Formen und Möglichkeiten
einer literarischen Gattung", Darmstadt 1976

„Ideenparadiese. Untersuchungen zur Aphoristik
von Lichtenberg, Novalis, Friedrich Schlegel und
Goethe", München 1976

Peter Krupka: „Der polnische Aphorismus",
München 1976

Hans Peter Balmer; „Philosophie der menschlichen
Dinge. Die europäische Moralistik", Bern 1981

Harald Fricke: „Aphorismus", Stuttgart 1984

Gisela Febel: „Aphoristik in Deutschland und
Frankreich", Frankfurt/Main 1985

Klaus von Welser: "Die Sprache des Aphorismus",
Frankfurt/M. 1986

Heinz Krüger: „Über den Aphorismus
als philosophische Form", Frankfurt/M. 1988

Werner Helmich: „Der moderne französische
Aphorismus", Tübingen 1991

Stefan Fedler: „Der Aphorismus. Begriffsspiel zwischen Philosophie und Poesie", Stuttgart 1992

Paul Geyer / Roland Hagenbüchle: „Das Paradox", Tübingen 1992, Würzburg 2002²

Thomas Stölzel: „Rohe und polierte Gedanken. Studien zur Wirkungsweise aphoristischer Texte", Freiburg 1998

Lada Lubimova: „Struktur und Funktion des Aphorismus : eine textlinguistische Studie", Bremen 1998

Robert Zimmer: „Die europäischen Moralisten", Hamburg 1999

Michael Esders: „Begriffs-Gesten. Philosophie als Kurze Prosa von Friedrich Schlegel bis Adorno", Frankfurt/Main 2000

Rüdiger Zymner: „Aphorismus", In: Kleine literarische Formen in Einzeldarstellungen, Stuttgart 2002

Friedemann Spicker: „Kurze Geschichte des deutschen Aphorismus", Tübingen 2007

„Die Welt ist voller Sprüche. Große Aphoristiker im Porträt", Bochum 2010

Rolf Friedrich Schuett : „Aphorismus – Philosophischer Gehalt in literarischer Gestalt

Weitere Stichwortbände des Autors

„Frauen, Freiheit, Liebe und Proleten"

„Lesen und Schreiben, Denken, Bildung,
Fortschritt, Geschichte und Alter"

„Psychologen, Soziologen und Ästheten"

„Natur, Gesundheit, Glück und Philosophie"

„Arm und Reich in Recht und Freiheit"

„Wissenschaft, Moral(ismus) und Lebenslust"

„Eine Ameise mit Bienenfleiß hat eine Meise"